JN169665

DEAF IN AMERICA
Voices from a Culture

新版
「ろう文化」案内

キャロル・パッデン／トム・ハンフリーズ
森 壮也／森 亜美 訳

明石書店

Deaf in America: voices from a culture
by Carol Padden & Tom Humphries.
Copyright © 1988
Japanese translation rights arranged
with Carol Padden & Tom Humphries
through Japan UNI Agency, Inc., Tokyo.

新版に寄せて

私たちが『「ろう文化」案内』を書きはじめたとき、これほどろうコミュニティから関心が寄せられるとは思ってもみませんでした。実際、世界中の手話やろう者のコミュニティでそこまで広く関心が拡がっていなかった時期があったことを忘れそうなほどです。『「ろう文化」案内』のおかげで、私たちは言語と文化の問題についてろうや聴の同僚たちと深く議論を交わすようになり、このことは、専門家として、また個人としての私たちの人生に大きな影響がありました。この議論から、私たちはろう文化を説明するさらにわかりやすい本を書かざるをえなくなりました。『「ろう文化」案内』を書くことも大変なことでしたが、同書が書き上がった後もいまだに答えが見つかっていない多くの疑問について説明するということもそれと同じくらい大変なことでした。

同書で、私たちが目的としたのは、コミュニケーションの面で第一言語が音声言語でなく手話であるというコミュニティにおける、文化とは何かということについて、探究することでした。手話を使う人たちの言語と文化を研究するということは、独特の方法で文化的な知識や実践について考えなくてはならないということなのです。カルチュラル・スタディーズという領域が示しているように、人間が自分自身についてのイメージを社会的かつ文化的にどの程度、構築しているのかということを描き出すため、ろう者の身体とろうのコミュニティも考慮に入れられなければなりません。

バリ島からメキシコまで、ガーナからイスラエルまで、世界中のありとあらゆるところには、手話を用い、自分たちは自分よりも前にやってきたろう者たちから知識を受け継いだ者と考えている人たちの、小さいコミュニティ、また、より大きなコミュニティがあります。『「ろう文化」案内』で、過去のろう者世代の人たちから譲り受けたものを描くことで、私たちはその世代の人たちに敬意を払うようにしました。皮肉なことに、私たちのコミュニティの高齢のろう者たちは、自分たちのことを、手話を使う者、あるいは文化的な知識を共有している者のようには言わないことが多かったのです。彼らにとって、ろうというのは、生き方のひとつに過ぎず、「ただあるがままに」やっているというだけのことなのです。しかし、今日、ろうであるということは、以前よりももっと可視的なものになってきています。メディアでも、職務内容の説明書でも、「ろう文化」について文字で触れられ、これらが口の端にも上るようになり、また多くの学校や大学の授業カリキュラムにも登場するようになりました。でも、このろう文化を何世代も前に私たちに与えてくれた人たちは、こうした場では「文化」や「ろう」という言葉を使うことはなかったのです。

これまで二〇年の間、私たちは世界中の多くの場所を旅し、文化、とくにろう文化についてのろう者と聴者両方の研究者たちに会ってきました。参加した会議の中には、ろうコミュニティの言語、歴史、そして現在の生活について、幾十もの学術的な論文が発表された会議もありました。地球上の諸国やさまざまな地域に住んでいるろう者や手話の世界についての「分厚い」刊行物、つまり詳しく描写している刊行物は増え続けています。ろう者自身が民族誌に寄稿し、自分たちのコミュニティで共有されている知識を探究するための実証的な研究を行うようになっています。ろう者の研究から得られた洞察によって、言語と文化についての研究者たちの考え方が変わり、差異についての議論の仕方も、より広いものになってきています。

『「ろう文化」案内』の日本語訳が出版されて以後、私たちがどうしているか知りたいと思っておられるのではないでしょうか。私たちの人生も面白い方向に道をたどっています。キャロルには、マッカーサー賞という、アメリカの学者にとって最高の賞を受ける名誉が与えられました。彼女は今、カリフォルニア大学サンディエゴ校社会科学学部の学部長を務めています。その学部で、彼女は一万人余りの学生を抱える一〇の学科と学際的プログラムを監督しています。トムは、同大学の教育学研究科の副学科長であり、教育の社会的変遷領域での業績で、アメリカ教育学会から表彰されるという栄誉を受けました。

私たちの本『「ろう文化」案内』は、世界中で出ているほかの著作物とともに、まさにろう者自身のものであるろうコミュニティを超えて、ろう者の業績への認識や正当な評価を生み出しました。機会さえ与えられれば、ろう者は実に有意義なかたちでろう以外の人たちの人生にも貢献するでしょう。いつものことながら、この『「ろう文化」案内』の新版によって、どこであってもろう者への偏見が取り除かれ、ろう者の前に道が切り拓かれることが続くことを願っています。

二〇一六年

カリフォルニア大学サンディエゴ校

キャロル・パッデン

トム・ハンフリーズ

まえがき

本書を書くにあたって私たちが目標としたのは、ろう者の生活文化のさまざまな例を集めること、体系づけること、またその説明をすることでした。子ども時代の思い出話、初期の手話劇の記録映画からアメリカ手話で語られるジョークや新しい形態の詩まで、私たちはじつに多彩な資料を相手にすることになりました。そのコレクションは幅広いのみならず、こみいったものでした。そして見つけ出したものをなんでもかんでも取り入れるのではなく、取捨選択をしました。その際、ろう者についての慣れ親しんだ語り方に背を向けて、ありふれていない、思いがけない資料のほうをあえて選びました。私たちはろう者について記述する伝統的な方向性に挑戦するだけでなく、人間の文化の観念にも貢献することを期待して、これらの資料を整理しました。

ろう者の生活と彼らの物語に密着するために、重要で有用であっても、書き方の変更を必要とするようなトピックスについては、詳細には書かないことにしました。一例を挙げるなら、手話についての研究、とくにアメリカ手話（American Sign Language, ＡＳＬ）についての研究です。ＡＳＬについての研究をまとめるのに一章を費やすよりは、そうした研究が、ろう者が自分たちの手話について考えたり、語ったりする仕方にどう影響を及ぼしたのかについて二つの章を割きました。

本書での貴重な情報源の多くは、文章に書かれずに手話で話されたために、これまで「アマチュア・レベル」だとか「いいかげんなもの」だとして見過ごされてきたものばかりです。しかし、本書で示そうとしているように、ろう者がどんな人たちなのかを示すうえでは、これらは「ちゃんとした」題材と同じくらいとても重要で本質的なものなのです。映画やビデオで記録された資料もありますが、記録として残されていない公演も、文章に書き起こしました。後者の場合には、観客や参加者の報告を利用しました。

本書に登場する意見、物語、逸話の当人については、個人情報保護のためにあるガイドラインをもうけました。議論の対象になっている資料が公刊されているか、私たちの知る限り、誰でも利用できるようになっているならば、ビデオ・テープに録画された資料も同様ですが、関係者は実名になっています。講演に参加した人たちも同様です。それ以外のケースについては、逸話や非公式に話された物語の場合は仮名を用いました。

そうした情報を新たに集めるに際しては、さまざまな物語やホーム・ムービー、演劇、ろう者によって書かれた作品などを提供し、情報を知らせてくれた多くの仲間たちに本当に助けられました。ここで名前はとくに記さない多くの人たちの援助に感謝しています。

そしてギャローデット大学同窓会が管理しているローラン・クレール文化基金からの資金援助のおかげで、私たちは見過ごされてきた新資料を捜し出し、雑事から遠ざかり本書を書き上げる時間をもつことができました。

キャロル・パッデン
トム・ハンフリーズ

新版「ろう文化」案内◆目次

はじめに――「ろう文化」への招待

ろう者について書く伝統的な方法は、彼らのおかれている状況――耳が聞こえないということ――に焦点を当て、そうした事実から出てくる生活上のさまざまな側面を説明するというものであった。本書の目標は、ろう者について新しい、これまでとは違った方法で書くことである。ろう者を医学的な対象として取り扱ったり、「障害」をもつ人たちとして、つまり手話を使うことで耳が聞こえないことを補っている人たちとして描いてきたこれまでの長い伝統とは対照的に、私たちは彼らが生きている生活、彼らのアートや演劇、毎日のおしゃべり、共有する神話、互いに教え合っている教訓を描き出したいと思っている。耳が聞こえないという身体的条件ばかりを見てきた世間の彼らに対する関心のもち方が、ろう者の生活のもっと面白いさまざまな側面を見えにくくしてきたのではないかと、私たちはつねづね感じていた。

私たちの探究は、いくぶん私的なものである。というのは、ろう者の生活は私たち自身の生活でもあるからである。キャロルはろうの家庭に生まれ、生まれつき耳が聞こえず、両親も兄も、そして父方の両祖父母もろう者、親戚の中にもろう者が何人もいる。対照的にトムのほうは子どもの時分に耳が聞こえなくなり、ろう学生のための大学に入るまで、ほかのろう者に会ったことがなかった。

ここ一〇年ほど、私たちの専門的な関心も、本書のトピックにつながるものだった。私たちは二人とも、手話研究の新しい世代に属している。キャロルはアメリカ手話（ＡＳＬ）の構造の専門的な記述的研究をしているし、トムは手話を自分の主言語とするろう者への英語教授法入門を著したところだ。私たちは同僚とともに、かつては考察の対象にならず記述されてこなかった手話についての重要な細部を明らかにしてきた。この種の研究で言われているのは、手話はかつて考えられていたような原始的な身振りの体系とはまったく違うということである。それどころか、手話は長い歴史を映し出す複雑な構造をもった豊かな体系なのである。私たちの研究で明らかになった言語的な豊かさに思いをはせると、手話は同じく豊かな文化的遺産の一部として、世代を経ながら発達してきたことがわかる。この遺産——ろう者の文化——こそ、本書で私たちが描き出したいものなのである。

ろう者の生活を形づくっている比喩《イメジャリー》と意味のパターンに向かうこの旅をはじめる前に、本書でいうろう者のコミュニティとは何であるのかをはっきりさせなければならない。

ジェイムズ・ウッドワードによって提案された書き表し方（Woodward 1972）に従って、ここでは耳が聞こえないという聴能学的な条件について言うときには、ただのろう者（小文字で書かれたdeaf）という語を使い、ひとつの言語――アメリカ手話（ＡＳＬ）――とひとつの文化を共有しているろう者（deaf）の特定のグループについて言うときには、ゴシック体の**ろう者**（大文字のDeaf）という語を用いることにする。このグループの人たちは、アメリカ合衆国とカナダとに住んでおり、彼らの手話を代々受け継ぎ、自分たちのあいだでの主たるコミュニケーション手段に用いている。また自分たちや一般社会との関係について、一連の信念をもっている。たとえば、私たちは**ろう者**を病気やトラウマ、加齢のために聴力を失った人たちとは区別している。両者は耳が聞こえないという点では同じだが、**ろう者**の文化をつくり上げている知識、信念、実体験からは、後者の人たちは遠いところにいる。以下の諸章で強調するように、**ろう者**のこうした知識は、同様の身体的条件をもつ人たちとのたんなる仲間意識ではなく、（言葉の伝統的な意味での）ほかの多くの文化と同様、歴史の中で紡がれ、世代から世代へと生き生きと伝えられてきたものなのである。

ウッドワードの区別は便利だけれども、そうすっきりとしたものでもない。たとえば、聴者の家族出身のろう児が、**ろう者**や、家族の外部にある**ろう**文化に遭遇することを考えてみればよい。このようなろう児がこの文化の伝統を受け入れるとか、**ろう者**になるというのは、いったいどういうことを言うのだろうか。こうした問いは、何年もろう者に会う機会もなく暮らしてきたのちに、ろうコミュニティにやってきたろうの成人の適応のプロセスにも当てはまる。マーコヴィッツとウッドワードの示唆するところでは、この集団への帰属感とASLの技術《スキル》が、誰がろう者であるかを決定する重要な識別要因であるという(1978)。しかし、ろう者とろう者という語の限定的な区別は、ろう者がどのように自らを語るかに関わるパターンの一部を表しているにすぎない。ろう者はろう者でもある。そして彼ら自身のアイデンティティをめぐる議論は（いや、論争とさえ言えるかもしれないが）、この二つのカテゴリーが複雑な仕方で絡み合っていることが多いことを示している。この複雑さについては、文化にとって特殊な問題を提示している二つの集団、つまりろう文化で必要とされる程度に十分な手話技術《スキル》をまだ身につけていない新参者のろう者と、ろう家族出身の聴者の子どもたちという二つの集団のケースも取り上げて、第3章でもっと詳細に述べる。新参者のろう者は「難聴」などのいくつかの境界線ラベルを貼られることがよくあるが、これは過去にその人が話す人たちの仲間だったということを示すラベルである。ろうの両親をもつ聴者の子どもたちは、この文化で進行中の矛盾を示している。つまり、彼らは両親の知識――手話の技術《スキル》と社会的ふるまい――を外に対して示すが、この文化は子どもたちをあまり一般的でない、ろう者とは分離した立場に巧妙に追いやってしまうのである。

本書ではウッドワードにならって、ろうという語を、耳が聞こえず、ASL以外の手話を使う人たちの文化を指す際にも使っている。たとえばケベックでは、ろうのフランス系カナダ人たちはASLとは違う手話、「ケベック手話」を用いている。ノヴァ・スコシア〔カナダ南東部の半島部を中心とした州〕には、イギリス手話とは関係があるもののASLとは関係がない手話を用いているろう者のコミュニティがある。実際、世界のほとんどすべての国に、それぞれ政治的、歴史的、地理的な違いによって区別される複数のろう者の集団がある。

多くのろう文化があることはわかっているけれども、それぞれの集団のエスノグラフィの詳細に立ち入らなければ、それらを一般化することも、耳が聞こえないという状況と文化の形成にどのような関係があるかを一般化することもできない。本書は私たちがもっともよく知っている、私たち自身のものでもあるろう文化についての本である。

驚くべきことではないけれども、ASLを使っているろう者でさえ、じつにさまざまである。例を挙げてみると、ボストン、シカゴ、ロサンジェルス、エドモントン、アルバータのろう者の大きなコミュニティは、それなりの強い独自のアイデンティティをもっている。こうした地域コミュニティの内部には、階級、職業、民族出自《エスニシティ》、人種によって分かれたより小さな集団があり、それぞれにまた異なった特徴がある。一九七〇年ころまで、一般社会での人種隔離政策により、南部諸州の白人と黒人のろう児たちは別々の学校に行かなければならないとされていた。黒人ろう学校の教師たちはアメリカ手話の白人変種を知っていたが、この隔離政策によってASLに独自の黒人変種が発達し、南部のある地域の黒人のろう成人の多くは白人変種も知っているが、今なおこの黒人変種を使っている（Woodward 1976; Maxwell and Smith-Todd 1986）。ワシントンDC、ニューヨークには大きな黒人ろうクラブがあり、それぞれのコミュニティの中心として活動している。しかしろう者のカテゴリーのこうした下位グループはみな共通して、ASLの何がしかの変種を用いている。

アメリカ合衆国とカナダのろう者の数について信頼できるデータはない。保健調査によれば、総人口の九パーセントに「聴覚障害」が発生するという（合衆国保健統計全国センター、一九八七）。しかし、ろう者の数はこれよりも少なく、こうした推計からそのような数を引き出すことは難しい。

難しい理由のひとつは、すでに述べたように、ろうであること自体はこの集団のアイデンティティの決定要因にならないという事実である。「ろう者」という語はそれ自体、この集団の公的なラベルではあるけれども、ろう者は「難聴」から「重度聴覚障害」まで、聴力はさまざまである。逆にかなり重い、あるいは重度の聴覚障害をもつ人で、ろう者のコミュニティに参加していない人もいる。また別の理由に、アメリカ合衆国やカナダの手話の使用者数のデータもないことがある。ろう者や手話に集中的に触れられる機会をもてるような学校に通った人たちの数の推計、また社会的サービス機関が把握しているろう者の数によれば、二、三〇万近い数のろう者がいるという推計もある。

この集団内での文化の伝承のパターンが独特のものであることも人数の推計を複雑にしている。学齢期の聴覚障害の子どもたちの一一パーセントから三〇パーセントが遺伝的障害であるのに対し、親がろう者の子どもは一〇パーセント未満である。つまり、多くの文化に見られるパターンとは対照的に、ろう者のコミュニティ内の大多数は生まれついてこのコミュニティ内にいたわけではないのである。

このように文化の伝承のパターンが独特だということが、ろう文化の核心にある。その結果、後の章で出てくる話でもわかるように、ろうコミュニティでは学校が中心的な役割を果たすことになる。その多くは「寮制のろう学校」、つまり今日のろう成人の多くが行っていたタイプの学校なのである。これらの学校は寄宿制で、たいていは州立、下は幼稚園児から高校までのろう児のための学校である。聴覚障害児のための最初の公立ろう学校が開校した一八一七年から一九八〇年のあいだに、アメリカ合衆国とカナダのほとんどの州・地域は、最低一校の「聴覚障害児童のための学校」に資金を提供している（Schildroth 1980; Gannon 1981）。これらの寄宿制学校に入っている子どもたちが家庭に帰れるのは、普通週末と休暇のときだけである。多くの成人ろう者たちは幼少期のかなりの部分をこうした学校で過ごし、クリスマスや夏のあいだだけ家に帰ったのである。

手話の使用を公的に禁じた「口話法」の寄宿制学校もいくつかあるが、寄宿制学校の多くは手話が教室の中で許されている「手話法」の学校である。しかし、こういった学校でも一般に、口話や英語に重点をおいた教育方針をとっている。つまり、ろう者が使う手話やそのほかの方法は、学校の方針の中で中心的な位置づけを与えられていないといってよい。私たちが集めた話によると、ろう児たちは巧みな方法で「邪魔しに来る」大人たちの意図を出し抜いてお互いにろう者の知恵を教え合っていた。

これらの学校の多くでは、ろう児たちはろう者――ろう家族《デフ・ファミリー》出身の子どもたちと学校で働いているろうの大人たち――に囲まれて何年か過ごす。多くの学校は、同じ学校や別の同じような学校を卒業したろう者をある程度まで雇っている。これらのろう児たちにとって、寮生活の最大のポイントは寮そのものにある。彼らは寮の中で、教室での構造化されたコントロールから離れ、ろう者の社会生活へと導かれる。寮のインフォーマルな環境の中で、子どもたちは手話だけでなく、文化の中身を学ぶ。こうして学校は彼らを取り囲むコミュニティの核になり、次世代のために前世代の文化を保存しているのである。

寮制学校はコミュニティへの唯一の入口ではない。ろう児の中には、著者である私たちがその例なのだが、寮制の学校に入るために家を出るということをせず、家にとどまって「他の人たち《アザーズ》」、つまり聴者と一緒に公立の学校に進む子どももいる。トムは聴者の隣人たちや親戚たちと一緒にいて、学校の要求に適応するさまざまな努力をした。のちに、成人して初めて彼は他のろう者に会ったのである。キャロルの場合は、彼女のろうの両親と兄は寮制の学校に入ったが、彼女は「難聴」であるがゆえに「話す環境」という条件に耐えうるだろうと判断されて公立学校に通っていた。それぞれのコミュニティへの入り方はそれ自体が、アイデンティティや共有している知識をめぐる問題となる。後の章でこのことについてもっと論じよう。

すでに述べたように、ろう集団をろう集団として確認することを可能にする第一次的な特徴は、彼らの言語である。アメリカ合衆国におけるろう児の教育の歴史は、手話を人類の言語の一族に位置づけることをしなかった無知、悲劇的な仕方で社会・教育政策へと変換された無知でもってしるしづけられている。しかし、こうした抑圧にもかかわらず、A

ＳＬはそれを耐えしのんできた歴史をもっている。一七六一年にフランスで最初の公立ろう学校が設立されたが、ＡＳＬの起源は、この周辺に出現したろう者の大コミュニティにまでさかのぼることができる。このコミュニティに出現した手話は、今日でもフランスで用いられている。一八一七年にこの学校出身のろうの教師がアメリカ合衆国最初の公立ろう学校の設立を手助けした。初期のカリキュラムにはこの教師のフランス手話が入り込んでいたが、ろう児たち自身の身振り体系とこの公的な手話とが混じり合って、もはやフランス手話とは見なせない新しいかたちが生まれた。ＡＳＬの手のかたちや構造には、両言語が別ものなのにもかかわらず、今日でもなおフランス手話という起源を反映しているものもある。

ＡＳＬについて世間で共通して見られる誤解として、ＡＳＬは個々の身振りの寄せ集めだとか、さもなくば音声英語を手で表すためのコードであるとかいうものがある。しかし実際には、英語が音を使うようにＡＳＬは身振りを用いはするけれども、英語がたんに雑音の寄せ集めではないように、ＡＳＬもたんなる身振りからできあがっているわけではない。個々の手話の語彙はそれ自体文法的な単位で構成されているし、この単位は文法的な規則に従って文の中のスロットにはめ込まれている。手話は「指文字」の一形態でもない。つまり、手型がアルファベットの文字を表すような手指体系ではないのである。手話者は英語の単語や名前を指文字で表すことはあるけれども、手話コミュニケーションの全体は指文字でできあがっているのではなく、手話、つまり完全に独立した一群の規則によって構成されている。

ひとつだけ例を挙げるなら、ＡＳＬの動詞は三つに分類される（Padden 1988b）。ある部類の動詞は人称、および主語と目的語の双方の数によって屈折〔語の文法的変化・活用〕することができる。こうした動詞には、GIVE, SEND, TAKE, CATCH[*1]が含まれる。別の部類の動詞は人称や数での屈折がまったくない。LEARN, LIKE, VISIT, TELEPHONE がそうした部類に入る。三番目の部類に入るのは人称や数での屈折はないが、さまざまの接辞をとりうる動詞である。[*2]

＊1　手話単語の英語訳は小型の大文字で綴る。ある手話単語を表すのに英語の単語が複数必要な場合には、英語の単語はハイフンでつなげられる。小型の大文字をハイフンでつないだものは指文字の語や略語を意味する。もちろん、これらの表記法はおおまかなものでしかなく、手話の意味を完全にカバーしていない場合が多い。

＊2　手話の構造についてまとめてある資料として、Padden (1986, 1988b), Wilbur (1986), Siple (1982) がある。もっと広い範囲をカバーしているものとして Wilbur (1979, 1987), Kyle and Woll (1983), Lane and Grosjean (1980), Bellugi and Studdert-Kennedy (1980), Baker (1980), Baker and Battison (1980), Klima et al. (1979), Siple (1978) がある。これらの資料は特定の手話言語の構造について広範な議論を提供している。

これらの動詞のかたちは、ＡＳＬはたんなる身振りの体系よりずっと複雑なものだということを示している。さらにＡＳＬが英語を基礎としているのではないことの証拠の一部にもなっている。ＡＳＬ動詞の語形成規則群、つまり形態論は、英語動詞の形態論とは異なっている。英語の動詞は主語の人称と数でのみ屈折するからである。すでに述べたように、すべてのＡＳＬの動詞が人称や数で屈折するわけではないが、屈折するものの多くは人称と主語および目的語の数によって屈折する。そのほかの音声言語と比べると、英語は比較的、動詞の形態論が貧弱なほうである。これとは対照的にＡＳＬ動詞は複雑な動詞形態論をもつナヴァホ語や南ティワ語といった音声言語のように豊かな形態論をもっている（Padden 1988b; Supalla 1985; Klima et al. 1979）。

　ＡＳＬが英語とは独立の言語であるとする別の根拠に文構造がある。たとえば、英語ではI gave the book to him とも I gave him the book ともいえる。しかし、ＡＳＬでは後者の文、つまり与格文のみが可能である。I-GIVE-HIM MAN BOOK（I gave a man a book）は正しいが、I-GIVE-HIM BOOK MAN は非文法的である（Padden 1988b）。この点ではＡＳＬは英語に似ておらず、英語とは関係のない与格構文〔文の語順構造には、他動詞の行為者を主格、行為対象を対格で表す主格構文、他動詞の主体が能格で示される能格構文のほかに、意味上の主語を与格で示す与格構文がある〕のみが可能なマヤ語であるツォツィル語〔メキシコ東部のチアパス州の高原で話されている言語〕などと似ている（Aissen 1983）。

言語学者が用いるこうした根拠は、手話と音声言語はその形態面でこそ異なるけれども、言語として形成しうる構造面では違いはないということを示している。ＡＳＬは文構造では英語とは異なるが、構造自体はほかの自然言語の構造と似ているのである。

ＡＳＬは内的構造をもたないたんなる身振りの寄せ集めであるという誤った考え方から、ろう者と彼らの手話との関係を簡単に切り離したり、おきかえたりできるいいかげんな関係であるとするような悲劇的な誤解が生まれた。こうした誤解の中でも最大のものが教育方針を動かしてきた。何世代もの学童が手話を使うことを禁止され、話すことを強要されてきた。なかには、彼らの自然な手話言語の語彙のかわりに、人工的な修正を施された手話を用いるように言われた子どもたちもいた。

この誤解はろう者が自分たちの言語について語るときの仕方に見られるように、文化それ自体にも入り込んでいる。ＡＳＬを大事なものだと思っていても、その口も渇かないうちに、もしＡＳＬが言語として十分なものでないなら、子どもたちのためを考えて、子どもたちには「本当の」言語、つまりはっきり言えば音声言語、悪くても音声言語を「もとにして」手話をする仕方を選び、ＡＳＬを捨てるべきだと述べる状況なのである。こうした誤った考え方はあるけれども、それでもなお、ろう者にとって自分たちの手話は自分たちの歴史がつくり出したものであり、人間の完全なコミュニケーションに到達するために進化によって可能になった力（言語）をろう者が象徴《シンボル》の生成主・使用主として存分に使えるようになったのも、この手話あってこそなのである。

人口が多く、文化伝承のパターンがすでにできあがっていて、共通の言語をもつということ。これらはすべて、豊かで創造的な文化の基本的な構成要因である。しかし私たちは、ろう者について書かれたものには、ろう者の文化的生活について書かれたものがほとんどないことに気づいた。私たちは手話で演じられた舞台に深く感動した経験を思い出すことはできるが、私たちがこれまで観たようなタイプの演劇の分析はほとんどない。私たちは友人たちが語ってくれる話に耳を傾け、自身の生活とそれらが共振しているのを感じたが、これらの経験や感情が印刷物になっているのを見たこともほとんどなかった。

私たち以前にも多くの人が見ていたように、ろう者についての記述のほとんどは、聞こえないという状況についてのものであった。ジェイムズ・ウッドワード（Woodward 1982）は、一九七五年から一九八二年のあいだに書かれたこうしたテーマの論文を要約し、ろう者を「病理的」で「基本的に十全ではない」ものと見る有力な解釈が広く流布していることを実証している。こうしたイデオロギーに影響され、ろうコミュニティの研究者たちも聴覚障害という事実についてこと細かに記述し、ろう者をその障害の程度でもって分類してきた。ろう者についてのそのほかの事実、具体的にはろう者の社会的・文化的生活についての事実は、こうした分類の結果として解釈されたのである。

こうしたアプローチの古典的な例は「聴覚障害学校卒業者」、つまりイギリスのろう学校の卒業生の調査に見られる。ロッダ（Rodda 1970）は聴覚障害の卒業生を聴力別に分類し、貯蓄額、趣味の別、教会に通うか、「同じような悩みをもつ」友達をもつかといった事項と、聴力とを回帰分析した。とくに最後の設問からは、この分析が病理的な面に重点をおいて行われたことが明らかである。聴者の遊び友達をもつ聴児が、「同じような悩みをもつ」友達を好むと記述されることはない。ロッダの研究の趣旨は、社会経済的な階級や集団的属性などのほかの決定要因よりも身体的な条件こそがろう者がその生活で行うすべての選択の基本になっているというものである。

そのほかの例を挙げると、ろう児の教育に関する入門書では、最初の数章は必ずといってよいほど聴力喪失について割かれ、続いて聴力喪失が教育問題の議論と結びつけて書かれている。アーティング（Erting 1985a, 1985b）などが指摘したように、ろう教育は聴能に焦点を当てている。こうした教科書の著者たちが、ろう児についてもっとも心を動かされているのは、この子どもたちが聞こえないということであり、それは逆に言えば、彼らが話したり聞いたりするのに特別の訓練を要すると考えているということなのである。こうした教科書では、対照的に、ろう文化に触れたことのないろう児にそれを紹介するための文献についてはほとんど触れていない。

本書では、聴力喪失ではなく、文化的世界からはじめることにする。人間の文化についての研究から得られた理論の力を借りて、人々の身体的特徴と行動の直接的な関係ではなく、身体的特徴と行動が広義の文化的生活に占める場の検証に焦点を当てる。ろう者は、自分たちに対する一般社会の理解（誤解）に直面したときにどうしたらよいかという知識をさまざまな仕方で蓄積している。ろう者は、自分たちの儀式、物語、演劇、日常の社会的な出会いを通じて自分たちを定義し、表現する方法を見出してきた。手話が豊かな言語であるおかげで、ろう者に洞察、発明、皮肉が可能になった。私たちはこうした文化の探究にあたって、ろう者であるとは何を意味するのかについて、情報の新しい整理法を指し示すさまざまな資料を集めた。私たちはこれらの資料を用いて、ろう文化を内部から示そうと試みた――ろう者が自らをどう表現し、どのような種類の象徴《シンボル》を自らの周囲にめぐらしているか、また自らの生活をどのように考えているかを発見するために。

第1章 ろうであることの発見

この本を書くにあたって、私たちはろうの成人たちから幼年時代の思い出話をたくさん集めた。たいていは、幼い自分が音や声を聞くことができないという事実をいかにして知ったかという内容である。たとえば、ビデオ化されたアメリカろう者劇団（National Theatre of the Deaf）の作品に出てくる話では、ドロシー・マイルズがずっと病気がちだった子ども時代を過ごした後に、もはや自分の声さえも聞くことができなくなったということをどのように知るにいたったかを追憶している。これらの話はいわゆるおきまりの話、つまりろう（耳が聞こえないという経験）についての一般の人の理解を上塗りするようなものである。しかし、ろうであることの発見の物語であるけれども、聞こえないという事実とのつながりはかすかでしかないという話にも出会った。その一例が、本書の著者のひとり、キャロルが家庭での言語習得研究の一環として五歳と七歳の姉妹に行ったインタビューであった。この姉妹は二人ともろうであり、両親もまたそうである。ある日の午後、テストや会話をした後で、妹のヴィッキが、キャロルに見せようとおもちゃをもってきた。

ヴィッキ　友達のマイケルがこれをくれたの。

ヘレン　マイケルって、この子のボーイフレンドよ。（くすくす笑う）

ヴィッキ　そんなことないわ！　マイケルはろうっていうだけよ。

ヘレン　え！　マイケルは聞こえる人よ。

ヴィッキ　（混乱するが納得もせず）マイケルはろうよ！

ヘレン　あんたは間違ってるわ。あたし知ってるもん。マイケルは聞こえるのよ。

キャロル　もういいわ、彼はどっちなの？　ろうなの、それとも聞こえるの？

ヴィッキ　（ためらって）わかんない。

キャロル　どう思う？

ヴィッキ　どっちも！　マイケルはろうで聞こえる人なの！

この解決策はたちまちヴィッキを満足させたものの、姉は仰天してしまった。同時にろうと聴者になれるような人などいやしない。ろうか聴者かどちらかである。しかしヴィッキは自分の主張にこだわっていた。ヘレンはヴィッキにその結論はおかしいんだと幾度も説明したがついに怒ってさじを投げ、親に言いつけた、むろん大人たちには、この子たちの議論は、驚くほど発想力豊かな子どもの論理を示す例であると理解できた。

この会話をさらに分析しよう。ヴィッキは友達のマイケルがろうであると信じている。そして、彼女はこのことを明言すべきことだと思っている。それは、自分のおもちゃをキャロルに見せたときにそう言っていることからもはっきりしている。自分の両親や友人のまわりでは、ある人について話すときには必ず「ろう」か「聴者」かという言葉がついてまわるということを、ヴィッキは知っていた。五歳にして彼女は、誰かについて話すときにはその人間の立場を説明する必要があるということを知っているのだ。先ほどの会話はヴィッキがマイケルについて間違ったことを言わなければ、そのままどうということなく続いたかもしれない。

ヴィッキにとっては、見たところでは、マイケルは手話を使う人だった。彼女にとって、聴者とは手話を使わない、だからわからないことを言う人たちである。マイケルが彼女の言語で十分に会話ができるということで、ヴィッキがマイケルはろうであると思っても何もおかしくはない。しかしもっと年上の子はもう少しわかっていて、その人が本当にろうであるかどうかを判定するのは手話だけではないということを知っている。

子どもは世の中をよく見ているものだ。非常に面白い論拠で「間違え」ていたり、私たちが気がつかないところをとらえて「正し」かったりする。そんなところから子どもがけっこう理論家だということがわかる。ヴィッキのケースからわかるように、子どもの洞察は、「ろう」のようにストレートな言い方とされている言葉の隠された面を引き出すのには便利である。

ヴィッキが姉の年齢に達したときには、ろうであるかどうかを示す、とらえどころがないが大切な別の要素を知ることができるようになっているだろう。七歳でヘレンは、手話を母語とする人、あるいは手話の非常に上手な人と、手話を習ったばかりの人とでは、動きに微妙な違いがあることを発見できている。たとえば、手話にまだ慣れていない人は、手話で話すとき、円の描写が歪んだり不必要な動きがあったりしがちだということを知っている。また手話を使うとき、どのように唇が動くかということも観察している。つまり、手話の上手な人は手話に合わせた特有の唇のかたちをするが、手話の未熟な人はこの手話だとわからせるような唇のかたちをするのだと。そしてヘレンは、ヴィッキよりもずっと手話の意味がわかっている。手話の用法をひとつ間違えるだけで、彼女はその人がろうか聴者かを見抜いてしまう。ろうの親をもつ聴者の子どもが親同様に手話を使う場合、彼女はときどき混乱してしまうが、そのときには彼女の両親でさえも同じように間違える。そして、ヘレンはマイケルのほかの特徴から、彼が聞こえるとわかったのである。

手話のほかにも、ろうか聴者かを区別するのに重要な特質があるだろう。しゃべれるかしゃべれないか、あるいは音が聞こえるか聞こえないかである。だが、これらはヴィッキにとっては無関係のようである。その理由を説明するのは簡単だ。ろうの子どもは聞こえない、だからほかの人が音を感じ取れるかどうかを評価することはないのだ。

しかし、この解釈は単純すぎると私たちは思っている。ヴィッキの世界に対する概念は「聴覚」を欠いているにすぎず、残った感覚で世界を見ているなどとは、私たちは思わない。そうではなく、彼女の「間違い」は、この世がどう動いているかについて仮説を立てつつある、彼女と同じくらいの幼い子どもに典型的なものだと考える。ヴィッキが間違えたのは、彼女自身が接したことのある仮説や概念の範囲内で世界を説明しようとしてのことである。そうした仮説や概念とは、訪問者があったときにろう者か聴者かを判断するときの自分の家族のやり方、たとえばマイケルがろうか聴者かということなどが含まれる。聞こえる子どもも同じように、家族から得た情報をもとにするため、世の中について想像できる範囲は限られているはずである。たとえば、中流家庭の白人の子どもは、黒人は身体上白人と違うということを知っているが、誰が「ブラック」なのかで混乱することもある。髪の色が黒い人のことをすべて「ブラック」と呼んでいる幼い子もいるのだから。

サム・スパラが子どものころに隣に住んでいた聴者の女の子との友達関係について、話してくれたことがある（この話は一九八六年発行のパールマターの本にものっている）。サムの話にあるように、彼は遊び相手にはこと欠かなかった。なぜならろうの家庭に生まれろうの兄が何人もいたからである。彼の興味が家の中から外の世界に向けられたとき、自分と年が同じくらいの隣家の女の子に気づいた。何回か顔を合わせた後に二人は友達になった。彼女は遊び相手としては申し分なかったが、「変なこと」もあった。サムは兄たちや両親と話をするようには、彼女と話をすることができなかった。彼女は彼の非常に単純な身振りさえも理解するのがかなり難しい感じだった。二、三度話を理解してもらおうと試みたが無駄に終わった後、彼はあきらめて、何が欲しいか指差したり、自分が行きたい場所に自ら彼女を引っ張って連れていくことにした。この友達でこんなに奇妙な苦労をしないといけないのはいったいどうしてなのだろうといぶかしく思いながらも、二人は互いに通じ合う方法を見つけたので、サムは彼女自身が望むことを受け入れるだけで満足していた。

ある日のこと、サムには忘れられないことが起きた。ついにこの友達はじつに変な子だとわかったのである。二人で彼女の家で遊んでいたところ、突然、彼女の母親が二人のところへやってきて口をぱくぱく動かしはじめたのである。魔法にかけられたかのように、その女の子は人形の家をもち上げてほかの場所に移した。サムはきつねにつままれたようになって、母に隣家の女の子の不可解さは何なのか正確に教えてもらうために家に帰った。サムの母は、その女の子は「聴者」で、そのため「手話」を知らないのよ、でもそのかわり彼女やその母親は「話をするの」、つまり互いに口を動かして会話をするのよ、と説明してくれた。サムはその子や母親だけが「そういう人たち」なのかと訊いた。彼の母は、違う、実際にはほとんど誰もがその隣家の人と同じなのだ、普通じゃないのは自分たち、ここの家の者なのだ、と説明した。それはサムにとって忘れられない一瞬であった。隣家の女の子はなんて奇妙なんだろう、彼女が「聴者」なら、「聴者」ってなんて奇妙なんだろうと思ったことを、彼は忘れていない。

サムは隣家の女の子が聴者であることを知り、そこで「他の人たち《アザーズ》」についても学んだ。彼や家族のまわりに住んでいる人たちは今や「聴者」というわけである。世の中はかつて考えていた以上に大きいのだった。けれどサムが見ていたものは、まだまだ素朴なものだった。近所には「聴者《アザーズ》」が住んでいると知ったにせよ、聴者が異なる考え方をもっているとまではまだ知らなかった。聴者は彼の世界ではおそらく、今やすぐれた者たちであり、世の中では「聴者《アザーズ》」が自分とある関わりをもって存在しているということを理解しなければならないが、その聴者が、彼やその家族のことを、彼らに欠けている能力をもとに定義してしまっているとは思いもよらなかった。

実際、ろう家族《デフ・ファミリー》出身のろうの子どもから聞いた子ども時代の話では、聴者は「奇妙で」「変な」人たちであったが、背景の一部といってもよいくらいであった。子どもたちの世界には自分の家族や友達がいて、「聴者《アザーズ》」は子どもたちの世界を邪魔しない程度の者として存在していた。子どもは世界についてよく考察する年齢に達したときに、自分自身と、サムの遊び友達やその母親のような「聴者《アザーズ》」とのあいだに興味深い位置関係をつくるのである。外の世界では自分や家族を「苦労している人たち」と見ていることを、サムはまだ理解していなかった。家族と一緒の世界にどっぷり浸かっている彼からすれば、コミュニケーション能力が欠けているのは隣人たちのほうなのだった。

けれども間もなく、聴者《アザーズ》の世界が否応なしに見えてきた。ろうの成人が語ってくれた子ども時代の話から、子どもが聴者《アザーズ》の考えていることについてどう学び取っていくかを知ることができる。私たちのろうである友人のハワードは、生粋のろうコミュニティの一員なのだが、聴者とろうの観客の前で、ある打ち明け話をしてくれた。彼の家族は、両親も兄弟もおばもおじもみんなろうである。ごく幼いときはろう者の中で過ごしていたが、六歳になり両親が自分をろう児のための学校に入れたとき、彼を取り巻く世界が変わったと語った。「皆さん、信じますか」彼は観客の気を引くように巧みに一息ついて、言った。

郵便はがき

料金受取人払郵便

神田局
承認

9745

差出有効期間
2017年 4 月
30日まで

切手を貼らずに
お出し下さい。

101-8796

5 3 7

【受 取 人】

東京都千代田区外神田6-9-5

株式会社 **明石書店** 読者通信係 行

お買い上げ、ありがとうございました。
今後の出版物の参考といたしたく、ご記入、ご投函いただければ幸いに存じます。

ふりがな お 名 前	年齢	性別

ご 住 所 〒 -

TEL ( ) FAX ( )

メールアドレス	ご職業（または学校名）

＊図書目録のご希望 □ある □ない	＊ジャンル別などのご案内（不定期）のご希望 □ある：ジャンル（ ） □ない

書籍のタイトル

◆本書を何でお知りになりましたか？

□新聞・雑誌の広告…掲載紙誌名［　　　　　　　　　　］
□書評・紹介記事……掲載紙誌名［　　　　　　　　　　］
□店頭で　□知人のすすめ　□弊社からの案内　□弊社ホームページ
□ネット書店［　　　　　　　］　□その他［　　　　　　　］

◆本書についてのご意見・ご感想

■定　　価　□安い（満足）　□ほどほど　□高い（不満）
■カバーデザイン　□良い　□ふつう　□悪い・ふさわしくない
■内　　容　□良い　□ふつう　□期待はずれ
■その他お気づきの点、ご質問、ご感想など、ご自由にお書き下さい。

◆本書をお買い上げの書店

［　　　　　市・区・町・村　　　　　書店　　　　　店］

◆今後どのような書籍をお望みですか？

今関心をお持ちのテーマ・人・ジャンル、また翻訳希望の本など、何でもお書き下さい。

◆ご購読紙　(1)朝日　(2)読売　(3)毎日　(4)日経　(5)その他［　　　　　新聞］

◆定期ご購読の雑誌［　　　　　　　　　　］

ご協力ありがとうございました。

ご意見などを弊社ホームページなどでご紹介させていただくことがあります。　□諾　□否

◆ご 注 文 書◆　このハガキで弊社刊行物をご注文いただけます。

□ご指定の書店でお受取り……下欄に書店名と所在地域、わかれば電話番号をご記入下さい。
□代金引換郵便にてお受取り…送料+手数料として300円かかります（表記ご住所宛のみ）。

書名	冊
書名	冊

ご指定の書店・支店名	書店の所在地域　都・道 府・県　市・区 町・村
	書店の電話番号（　　　）

「私は学校に入って初めて、自分がろうであることを知ったんです」。

ハワードが話してくれたことは、予想通り観客に感動を巻き起こしたが、ハワードは自分の聴力に限界があることを六歳のときに初めて知ったのだ、つまり自分が音を聞くことができないことをそれ以前は知らなかったのだ、と解釈した人がいたことは、私たちには明らかだった。しかし彼が言わんとしたのは、それとはまったく別のことだった。

ハワードが「ろう」の意味を知っていたのは間違いない。「ろう DEAF」という手話は彼にとって日常よく使われる言葉であり、家族や友人について話すときはいつも、ヴィッキがマイケルを「ろう DEAF」だと言ったのと同じように、「ろう DEAF」と言っていた。ハワードが学校に入ったとき、教師たちは、自分が家で自分のことを言うのに使うのと同じ「ろう DEAF」という手話を使っていた。しかし、教師たちの手話が自分たちの手話とは微妙に違うと知るまでそう長くはかからなかった。

ハワードのような子どもは「ぼくたち」という意味で「ろう DEAF」という手話を使っているのだが、「ろう」を「彼ら、われわれとは違う人たち」という意味で使っている「聴者《アザーズ》」に出会ったのだ。「ろう DEAF」というのは「友達といえる同じようなふるまいをする人たち」と思っていたが、「聴者《アザーズ》」にとっては「ある特別な状況下にある人たち」だった。家では手話で話すことは特別なことではない、気にもとめないことと思っていたが、学校では話題に上り、あれこれ言われるものなのだと知る。学校にもよるが、子どもは先生の前で手話を使うのを禁じられることもある。そのとき、新しい世界では、慣れ親しんできた行為を新しい制約下でどううまくやり続けるかということや、自分たちの言語についての世間一般の見方を学ばなければならなくなる。人物や出来事について詳しく描写するというような家の中で覚えた技を、その言語を知らぬ教師が評価してくれることはなかった。彼の手話は、それよりも大切だと見なされている活動、とくに「残存聴力を使って」「話す」ことを学ぶことよりも下位にあることだとされてしまったのである(Erting 1985b)。

苦悩の比喩でろう児を描写するのに使われるような場合、期待されている子ども像、すなわち聞こえる子どもたちからずれているという意味が隠されている。ハワードやサムは家の中であるモードで会話をしてきたし、ろうの友達や家族と知識を交換し合う確かな方法を使っていた。しかし、学校という異文化の組織は、その権力的な制度、聴者教員の採用から口話への固執にいたるまで、いやおうなしにこれまでの世界とはまったく異なる社会を受け入れねばならないということを、子ども心にもわからせる。子どもたちの知り合いの大人で、学校で働く自分がろうであると自覚している人でさえも、自分のコミュニティでいつもしているようにはふるまわないし、できないのである。ほとんど聴者が支配している学校の要求を目の前にすると、彼らは自分の役割を変えざるをえないのである（Erting 1985b）。

その子は耳が聞こえないこと（デフネス　deafness）を「発見」する。今や耳が聞こえないことは、生きていくうえで特別な事実となり、周囲の人々の態度を変えてしまう言葉となる。彼を取り巻く人々は耳が聞こえないことについて討論し、このテーマについての各人のおかれる位置によって線がくっきりと引かれる。彼は自分が何か特別な性質をもっているなどとは考えたこともなかったが、今では話題の種になってしまっている。彼の手話も他人と会話をする手段ではなくなり、議論の対象となってしまった。人々は手話に「反対」するか「支持」するかのどちらかになってしまう。ろうの親をもつろう児から集めた話には、同じような話が次から次へと出てくる。「耳が聞こえないこと」は後になって、そしてこうした一連の意味の文脈の中で「発見」されるのである。

学校でこのような発見をする場合が多いということは驚くに当たらない。学校はろう児が聴者《アザーズ》と出会う場所であるというのは当然だが、それだけでなく、聴者が違う考え方をもち、その考え方が学校では有力なのだと、入学したときに思い知らされる場所でもある。

バーナード・ブラッグは、自分のろうの母親についての個人的な話で、家と聴者の世界のあいだのはるかに遠い距離について、空間を表す言葉でもって明確に述べている。出所はアメリカろう者劇団（NTD）オリジナル作品の『第三の眼』（一九七三）のビデオである。

これからどこへ行くのかもう一度訊いたが、母は答えなかった。初めて何か不安な気もちになり、予感もした。ぼくは母の顔を盗み見たが、無表情でその目はずっと先のどこか見えないところを向いたままだった。母と長いあいだ車に乗っていて、そして止まると目の前に巨大な建物が見えた……。その建物へ歩いていき、中に入ったとたん、薬品や施設の匂いが襲ってきた。これは病院のようでもないし、これまで見てきたどの建物とも違っていた。母はしゃがんでぼくの顔を自分のほうに向けさせて、言った。「これからはここで勉強するのよ。しばらくここで暮らすの。心配しないで。また来るわ」母はそれ以上言葉を続けられず、ぼくをすばやく抱いて、キスをするとあっという間に行ってしまった。*1

スポットライトが消え、ブラッグは暗闇の中に消えた。観客は短いけれども深い喪失感の中に残される。学校へ行くために家を出た何世代ものろう者にとって、この話はたんに見知らぬ場所に入ってしまうという以上に強烈なイメージを残す。ブラッグは観客に衝撃的な印象を残す題材を選んでいる。母親のいつもと違うもの言わぬ様子、のしかかるように大きい学校の建物、洞穴のようなホール、なかでも強烈なのは、今までかいだことのない、少し恐ろしくさえある、施設の匂い。その匂いが彼を包み、震え上がらせる。母親のところに逃げようとしたが、彼女は行ってしまった。教育や学校とかについての母親の言葉の断片は、なんの慰めにもならない。

これまでろうの家族をもつろう児について書いてきたが、聴者の家族をもつろう児もまた、普通でなくどっちつかずの状態で、板ばさみにあっている。ハワードやサムの話とトニーの話とを比べてみよう。聴者の家族をもつトニーは、幼いころの病気の治療の結果、六歳のときにろうになった。

「聞こえないんだ」ということが自分でわかった瞬間などはまったく覚えていない。実際には、いろんなものがごちゃまぜになった世界の断片を、時間をかけて自分のものにしていったのだ。私は長いこと病気だった。幾度も幾度も医師のところに通った

---

*1　キャロル・パッデンとトム・ハンフリーズによるASLからの訳。

のを覚えているけれど、結局、どういうわけか、自分の身に起こったことはもう永久に変わらないのだということを感じ取ったのだ。両親が自分のことを心配してくれたのを覚えている。そしてそのことでは、誰もかれも私の病気を案じてくれたように思える時期があった。私は変わったのだと感じたのはそのときだった。そして自分がどう変わったのかを考えたときの私の答えはこうだった。「こんなになってしまったのはぼくだけだ」。

この子が自分のことを「ろう」と言ったとき、それは強烈なまでにこの子だけの個人的な状態を意味していた。この病気の影響を被ったのは、この子であり、家族のほかの誰でもなかった。この子ひとりだけが違っていたのである。

私の又従姉がろうだったが、自分は「絶対彼女とは違う」と決めつけていた。彼女は手を使って、手話で話していたのだ。私はこの又従姉とは違っていた。聞こえないことを除けば、ほかの人々と同じように話し、ふるまっていた。私の生まれ育った町にはろう者はほかにはいなかった。道を下っていったところに姉と一緒に住んでいて、私たちが「おし」と呼んでいた女性を除けば。彼女は声を出して話をせず、姉とは家の中だけでお互いに使う二人だけの家庭手話《ホーム・サイン》で話していた。私は彼女らの仲間ではなかった。

トニーにとっては、ろうであるということは自分の家族や友人たちから疎外されることを意味した。トニーは「ろう」で、それは「病気」のせいだった。それとは対照的に、サムのようにろうの親をもつろう児は、「ろう」というのは何かがあったためにそうなったのではなく、たんに与えられたものとして受けとめていた。サムにとって、「ろう」は自分個人に対して使われる用語でなく、自分や自分の知っている者たちすべてを指すのであって、それがまったく普通のことだった。

聴者の親をもつ子どもだったジムは、自分が聞こえないことがようやくわかったのは、七歳ころだったと語った（彼の「遅れ」は別に原因があると思われていた）。ジムは子どものころを思い出し、「私は誰もが唇が読めると思っていました。けれどみんな自分よりも唇を読み取るのが上手なことを不思議に思っていました」。その後、聞こえないことがわかってから、補聴器をつけるようになり、新しい先生が彼と他人のどこが違うのかを教えてくれた。ジムが教わったその違いというのは、唇が読めるかどうかでなく、彼が聞こえないということだった。

人が手話で話せるのを見てきたヴィッキとヘレンとは対照的に、ジムは手話を使わない自分のまわりの人たちが唇を動かしているのを見ていた。非常に幼かったため、おそらく彼は自分が「読唇をしている」ことに気づかなかったが、この口の働きが社会的なやりとりでは重要なことは知っていた。

サムやハワードの社会とトニーやジムの社会との違いを浮き彫りにするために、ろうの家族と聴者の家族においては、どのような条件・状態のもとで、ある行動がほかの行動に継起するのかを想像してみよう。ろうの家庭では、肩をたたいたり相手の見えるところで何かを動かしたりして、互いに人を呼ぶ。テーブルや床を軽くたたくこともある。人によっては大声で呼ぶ場合もある。相手が自分に気づいたら別の方法で会話が始まる。互いに相手を見ながら手話で話す。

しかし聴者の家族では、人を呼ぶやり方がろう者と違う。口を動かすことで別の人の行動を変えることができる。互いに姿が見える必要はない。口を動かすだけで、人を部屋に入ってこさせることができる。ひとりがもうひとりに気づいたら、かわるがわる口を動かす。ときには視線を交わし合うが、そうでないときもある。

子どもがろうであることに気づかなかった聴者の家族のろう児であるジムが、この家では出来事と行動とのあいだに何か「変な関係」があると思っていたはずだということは想像がつく。突然ある行動がなされるが、この小さな少年にはそれが何によるものなのかがわからない。ジムが部屋の中でドアのそばに座っているとしよう。突然、母親が現れ、何かがあるらしくドアのほうへ歩いていく。彼女がドアを開けると訪問者がドアの向こうに立っている。しかしその子が別の時間にドアを開けても、誰もそこにいないだろう。ドアを開けると同時にドアの前に誰かが立っているという不思議なことがなぜ起きるのか、ドアのベルが聞こえないその子に理解できようか。私たちは推測するしかない。ほかの人々は読唇術がもっとうまいのか、何か自分にはわからない力があるのだとジムは思っていたのではないか、とするしかない。

これまで見てきたジムやそのほかの人たちの話から、自分のいる世界がどうなっているかをめぐる重要な秩序を子どもはいかにして学び取っているかがわかる。ジムがほかの人の読唇術の力について思っていたこともなかなかのものである。私たちが言いたいのは、ジムの推測は、彼の家族の生活様式に関わる諸知識に由来したものだということである。ジムやほかの人たちの話に共通しているのは、聞こえる、聞こえないということはそれ自体たいした問題でなく、それが重要性を帯びるのは、子どもの身近にありながら、それまでとは異なる文脈におかれたときなのだということだ。

ここで最後に、インディアナ州の中心部にある農場の、ろうの家族に末っ子として生まれたジョーの話を紹介しよう。ジョーはこう言っている。「私は六歳のときまで自分が聴者とは知りませんでした。自分が両親や兄姉たちと違うとは夢にも思わなかったのです」

聞こえる子どもが自分が聞こえるということを知らない——そんなことを想像するのは、馬鹿らしいと思えるかもしれない。そうした子どもは音に反応していないのか？　聞こえる子が六歳のときに音を発見するなんてことがありえようか。当然、そんなことはありえない。ジョーは音を知っていた。彼は音に反応したし、彼の概念世界には音が含まれていた。しかしふだんの生活の中で、音というのはたまたま音がしているという程度のものでしかなかった。おそらく、音について考えるとしても、子どもたちが足があることについて考える程度の頻度でしかなく、意識にのぼる度合いもその程度のものだったのだ。「自分が両親や兄姉たちと違うとは夢にも思わなかったのです」と言った彼の言葉に、鍵となる部分がある。これはろうであるふりをしたということではない。ジョーは聞きそこなったのでなく、たんに、家族の経験とずれないかたちで音を理解していたのである。二重に解釈できるがどちらも正しいという子ども時代の彼の世界の現象がいかなるものだったか、次のように思い描くことができよう。スプーンが音をたてて床に落ちる。誰かがそれを拾う。それは音が聞こえたからでもあるが、落ちるのが見えたからでもある。農夫は牛の乳しぼりに出る。それは牛が鳴いたからでもあるが、夜が明け、乳しぼりの時間がきたからでもある。ドアが閉まり、風が部屋に入り、テーブルの上の物がガタガタ揺れる。多くの音と一緒に、耳で聞こえるのとは違う別のものごとが起きているが、ジョーは両親がこれらに反応して動くのを見たことだろう。彼の両親の世界からいつしか彼が学んだのは、何かが起きるときにはまず第一に音がするということではなかったのである。

耳の聞こえる子どもは、目の前の出来事とは関係ない音をどう理解するのだろうか。ドアが別の部屋でバタンと閉まったのに、家族の誰もそれに反応しなかったとしたら？　彼は変だとも、矛盾しているとも思わないのだろうか。想像してみよう。子どもが大きな音にびっくりする。家族のほうを見る。そして彼らがなんとも思わないのを不思議に思う。しかし、子どもに「不思議に思う」だけの土台がまだなければ、子どもにはその理由を説明するだけの力はない。驚くべきことに、ろうの親をもつ聞こえる子どもが、幼いときにじかに見てきたことについて、自分の両親はどこか普通じゃないという疑問をもつのは、さらに成長してからなのである。自分の家族の世界にどっぷり浸っている幼い子どもたちには、矛盾が生じる余地はまだないのだ。

これまで紹介してきた大人たちの子ども時代の話は、彼らが世間のありのままの姿をどのようにして知るかという問いに対して面白い見方を示してくれる。音のように確かなものは、説明するまでもなく直接に知りうるものであると信じられている。しかしジョーの話からすると、ほとんどのものは日常生活のパターンというフィルターを通して理解されるようだ。音というのは解釈される必要があり、知識体系の中で生じるものなのである。雷鳴もただ「聞く」のではなく、どう対応するか、どう話題にするか、ほかの音とどう関係するかという、世界中のありとあらゆる出来事との関係の中でとらえていく。ろう者にしても聴者にしても、音はより大きな日常生活のパターンと対照されることで見出されるものなのである。

子どもたちがさらされてきた「日常生活のパターン」や「世界についての知識」について、私たちは曖昧な言い方をしてきた。こうした言い方で私たちが何を言おうとしているのかを説明する前に、私たちが言うつもりのないことは何かをはっきりさせなければならない。私たちは子どもたちのふるまいを、たとえば耳が聞こえないということなど、生活上普通でない特性にうまく対処するための「適応」だと言うつもりはない。ヴィッキ、ハワード、サムたちの日常の家族との手話も、聞こえないことに適応するための、あるいは彼らが聞こえないという事実を「償う」ためのものとは見なさない。「適応」は後になってろうの子どもたちの生活に入り込んでくるものである。つまり、学校に入って、新しい環境ではこれまでの家での習慣は通用しないということに気づくときである。彼らは一連の考え方の違いに直面してびっくりするが、順応していかねばならない。これまでとは違う「ろう」についての定義や学校の大人たちとの別のつきあい方を、学ばねばならない。

私たちが述べてきたのはそれとは反対に、サムが近所の奇妙な人たちについて母親に尋ねたのはなぜか、またジョーのように、聞こえる自分がろうの家族と違うのだと気づくのが遅かったのはなぜかということに関わる、もっと基本的な解釈のパターンについてである。「耳が聞こえない」という観点からこうしたふるまいを単純に特徴づけるのは意味がない。というのも、サムやジョーのような話は、ほかのどんな子どもたちが世界を学ぶ方法と比べたとしても特別変わったところはないからだ。

このような現象に対する私たちの解釈は、クリフォード・ギアーツなどの理論家の影響を受けている。ギアーツは、人類を有徴な象徴の世界に依存する「未完の動物」だと言った。ギアーツの言葉によれば、人類に特有なのは、行動が象徴の有徴な秩序体系、彼のいう「文化」に支配され、依存しているところだという。人間の文化に対する能力は、驚くほど広範な象徴体系あるいは「文化」を土台にして現れる。それぞれの文化は、「プラン、方法、規則、指令……といった行動を統制するための一連の管理メカニズム」を規定している（Geertz 1973: 44）。

文化とはモノゴトを説明し、またモノゴトが知られる仕方に制約をかける高度で特殊なシステムである。サムは隣家の女の子がどうして奇妙な行動をとるのかと不思議に思った。母親はわかりやすく答えてくれた。その女の子は明らかに異なる特徴をもっているので、自分たちのような行動はしないのだと。サムはこの説明で完全に納得した。また逆に言えば、文化は知る能力を制限してしまう。ハワードは学校に入るまで自分が「ろう」であることをまったく知らなかった。彼の家庭生活は、後になって経験する「ろう」に対するおかしな定義をまったくもっていなかったからである。ハワードの例はろうの意味を理解しそこなったという話でなく、文化の違いについての話なのである。

こうした文化に関する概念は、ジョーが自分についてじつに鈍感だったのはなぜかということをも説明する。テーブルから消えた食器はまたテーブルの上に戻さなければならないのだから、ジョーは床から落ちたフォークを拾わなくてはならないとジョーは考えたのだ。食器が落ちたのと同時に音がするのは、たまたまそうだというだけのことである。ジムの聴者の家庭では、フォークが床に落ちて鋭い音をたてると音のするほうへ目を向けて、続いてフォークを拾う。ジムが音をどう考えていたかはわからないが、彼の読唇についてのコメントからして、ジムは家族の日常生活のパターンにおける重要な特徴――話すことの役割を、正確に理解していたと推定できる。自分を除いて家族の者はみな、巧みに唇を読み取ると思い込んでいたが、それは自分の家庭の文化では話すことがお互いの行動の基本だということがジムの頭にあったからである。

私たちは核心となるものを強調するためにこれまで具体的な例を挙げてきた。こうした話は「幼い」とか「世間に疎い」とかいうことを言っているのではなく、象徴を取り扱う人間の能力の蓋を開けることについての話なのである。子どもはモノゴトにはどういう意味があるのか、またさまざまな出来事間の関係についてどのように考えたらいいのかを学んで成長する。子どもは世話をしてくれる人のいる世界で生きているわけで、その文化のしきたりに大きく導かれる。本章で述べてきた話から、世界の「方法」と「指令」がヴィッキ、ジョー、ジムのような子どもたちの世界の見方や彼らなりの理屈をさまざまな仕方で導いているのがわかる。

しかしここでは、ヴィッキ、ヘレン、サム、ハワード、ジョーの幼いころの体験の共通性に焦点を当てたい。これらの経験の底にある繰り返されるテーマ、偶然の一致でも共通の身体的条件があったために生じたのでもない、意味のあるひとつの基盤が存在する。彼らのケースをひとつにまとめているものは、ひとりひとりがある文化の歴史、すなわちアメリカのろう者の歴史にたどりついたという事実なのである。

第2章 ろうのイメージ

ろう集団は一定のときに一定の場所で発生したとは普通考えられていないため、以下に述べる物語、すなわち集団の起源をめぐる伝承《フォークロア》の真の姿を私たちが見極められるようになるまでには長い時間がかかった。ある文化のメンバーによって語られる起源をめぐる物語は、彼らが宗教的なモチーフを使うのであれ、空想的なモチーフを使うのであれ、文化の存在に関する意味の創造なのである。それらは意味を徐々に過去へ浸透させることで、現在を再確認する。この特殊な伝承もやはり同一の目的——ろう者がどこでどのようにして生まれたかを話すこと——に役に立つ。

私たちはこの伝承の中に見られるテーマと似たようなテーマの物語をいくつも聞いた。しかし、海外に行くまで、私たちもこれらの物語をたんに直観的に理解していたにすぎなかった。これらは、何がろう者になることを可能にしたかを教える神話、物語、寓話なのである。これらの話を繰り返し語ることで、ろう集団にとって欠かせない、生命のもとであると信じられている知識について、集団自身が語ることができるようになる。

フランスのマルセイユにあるろうクラブが私たちのために晩餐会を開いてくれたことがあった。先方から、ド・レペ神父のことや彼が二人のろうの女性に出会ったいきさつを知っているかと尋ねられた。実際、私たちが訪れたフランスのあちこちのろうクラブで、この話を聞かされてはいたが、断るのは失礼だと思い、もちろん喜んでもう一度その話を聞きたいと答えた。私たちは椅子にゆったりと身を委ねて、ド・レペ神父の話を再び目にした。そして、クラブの長老のひとりが心を込めて次のような話をしてくれた。

その語り手は、話がこれから始まるという合図のためにしばし立っていたが、すぐに物語が彼の手から流れ出した。私たちはあたかも朗読会にやってきたかのような錯覚に陥った。これまで幾度も幾度も語られてきた話ではあったが、彼は情感たっぷりに語った（彼がそこで使った言語は彼のコミュニティで使われているヴァナキュラーな〔生活に根ざした〕ものではなかった。私たちがフランス手話をあまり知らないことを考慮してわかりやすい身振りを使ってくれた）。

ド・レペ神父

ド・レペ神父は、夜の暗闇の中を長いあいだ歩いていました。歩くのをやめてひと晩休みたかったのですが、休めるような場所を見つけられないでいたのです。すると遠くに灯のともっている家が見えました。その家までたどりついて扉を叩きましたが、返事がありません。扉には鍵がかかっていなかったので家の中に入ってみると、二人の若い女性が暖炉のそばで縫い物をしていました。神父はその女性たちに声をかけましたが、返事がありませんでした。近くまで寄って再び声をかけましたが、それでも返事がありません。神父はどうしたものかと思いましたが、彼女たちのわきに腰掛けました。女性たちは彼のほうをちらと見やりましたが、それでも口をききませんでした。そこへ母親が部屋に入ってきました。神父はこの女性たちがろうであることがわからなかったのでしょうか？　確かにその時点ではわからなかったのですが、今や、神父はなぜ彼女たちが返事をしなかったのかを理解しました。彼はこの若い女性たちのことを考えているうちに、自分の使命を感じ取ったのです。[*1]

語り手は、ろうの子どもたちを教育するという使命を神父が瞬間的に感じ取ったいきさつを、華麗な表現でしめくくった。そして突然、雰囲気が詩的なものから会話風に変わり、神父がフランス内のろう学校、一七八五年に建てられたボルドーろう学校や一七九四年開校の国立パリろう学院などを創設するのにどれほど苦労したかという歴史を詳しく話しはじめた。そして長老は、神父が手話という美しい、永久に感謝すべき贈り物を発明したという話をした。むろん私たちもこの話は知っていた。神父は子どもたちが互いに、あるいは教師たちとコミュニケーションをとる方法を必要としていると悟り、身振りの言語を授けたのだ。

私たちは語り手がこの物語を語っているあいだに見せたド・レペ神父に対する感情や彼に対してはらう敬意に興味をもった。この話は明らかに、語り手にとって非常に大きな意味をもつものであり、私たちにとっても心温まる、感銘を受けるものであったにせよ、なぜ彼にとってそんなにも重要なのかは理解できなかった。私たちはこの長老にすばらしい物語を語ってくれたことを感謝し、帰国してから神父について調べようと心に留めておいた。

語り手が話してくれた、ド・レペ神父がろう児のための学校を設立するにいたったいきさつは、歴史的事実と正確には一致しない。神父は暗い嵐の夜をしのいだところで二人のろうの女性に出会ったのではなかった。パリの貧民地区を巡回していたときに出会ったの

---

*1　キャロル・パッデンとトム・ハンフリーズによる手話からの翻訳。

である。またこの出会いで新しい仕事に転向したわけではなかった。のちにその女性たちの母親が神父に、宗教上の教育を彼女たちに授けてほしいと頼んだことから、ろう児を教育するという考えが生まれたのである（Lane 1976, 1984）。

しかしその語り手が語ってくれた歴史にはさらに大きな間違いがあった。ド・レペ神父は手話を「発明」したのではない。いかに才能のある人であれ、何びとも人間の言語を発明することはできない。その代わりにド・レペは、生徒たちが入学前にすでに使っていたコミュニケーションの身振りを、フランス語を教えるのによい手段だと考えた。彼は次のように説明している。

ここにやってきたろうあの人たちはみな、すでに言語をもっている。その人たちにとってそれを使うことはまったく当たり前のことで、それを使う他人をも理解する。その言語を使って、必要なもの、欲しいもの、痛みなどを伝える。他人が同じような言語で表現する場合でもろう者は間違えることはない。私たちはこの人たちに教育を授けたい。だからフランス語を教えたいのである。何か手っとり早くて簡単な方法はないものか。彼らの言語で話しかけるのがよいのではないか（Lane 1984: 59–60）。

つまりこの件については、神父は、手話についての認識を促進させたという評価が最大限のところではないだろうか。彼は、生徒たちのもつ言語とうまく組み合わせた自分の教育方法について多くの論文を著し、ろう児の教育手段として手話を支持したことで知られるようになった。彼はろうの生徒たちの教育の成果を幾度も公開することで、手話の存在を世間に知らしめたのである（Lane 1976）。しかしながら、彼は大変な努力はしたけれども、手話の発明者ではない。

したがって、私たちを招いてくれた人は歴史物語に少々の破格の脚色を加えたのであろう。語りの精神からして、少々の脱線は許すべきであろう。しかし、この話がなぜそれほどまでに重要なのか、私たちにはまったく理解できなかった。フランスのどこに行っても、ド・レペ神父の話を聞かされた。たとえば彼らが、地元のろうクラブの設立についてとか、ローラン・クレールのようなほかの同国人についての話を私たちにしようとはしなかったのはなぜだろうか。一八一四年、クレールはアメリカでろう児のための学校の設立に協力するためにフランスを去った。これはまさに偉大

ローラン・クレール

な事業である。それなのに、私たちが参加したいろいろなイベントでは、クレールはフランスとアメリカの協力の証として親しみのある賞賛の対象にはなっていても、感動物語の中には登場しなかったのである。

そして私たちはやっと、この話はド・レペ神父についてのものではないことがわかった。この話は、世紀を経て幾度も語られるうちに、ろう者がひとりぼっちの、あるいは小さな孤立したコミュニティで生きる世界から、豊かなコミュニティと言語を有する世界へと移行したことを象徴する物語になったのである。たんに歴史上の物語であるだけでなく、人々や手話の起源を語る伝承なのである。夜の暗闇からろうの若い女性たちのいる家の明かりや温かみへとド・レペが移動したことは、起源をめぐる伝承の中心的イメージにぴったりで、ほかの文化の伝承ともよく似ているのである。

フランスのろうの人々が自分たちについて語る最初の物語が、暗闇から光へと向かう物語であるのは驚くべきことではない。光、あるいは始まりは、ろう者の最初の大コミュニティとともにあり、それは神父が設立した学校を中心に発展したと言われている。ハーラン・レインの一七七一年から一八〇〇年に関する記述から、ろう児のための公立学校ができたことで彼らの世界がすっかり変わったことははっきりしている（Lane 1984）。ジャン・

マシューという、一七九八年に自伝を書いたろう者の幼年期の回想の翻訳を見ると、学校ができる前、フランスに住む多くのろう児たちがどのように暮らしていたかを知ることができる。

私はジロンド地方サン＝マケール郡のカディヤック地域にあるセマンで生まれました。家には六人のろうあ者がいて、うち三人は男で、あとの三人は女でした。一三歳九か月になるまで、私はなんの教育も受けることなく家の中にこもっていました。字はまったく書けませんでした。手指の記号や身振りで自分の意思を伝えました。その当時、家族の人たちに対して使っていた手指の記号は、教育を受けたろうあ者の手話とは違っていました。外から来た人たちは私たちが示すサインを理解できませんでしたが、近所の人たちは理解してくれました[*2]（Lane 1984: 9）。

六人のろうの兄姉の末っ子として生まれたマシューの暮らしは、ろうの仲間と一緒にいたことで、ほかのろう児とはまた違ったものであったろう。耳が聞こえないことの発生率

＊2　ハーラン・レイン、フランク・フィリップによるフランス語からの共訳。

ジャン・マシュー

からして、ほとんどのろう児はほかにろうの子どもがいない村で暮らしていたと思われる。ろう学校ができたということは、ほかのろう児やろうの成人に出会えるということであり、彼らの世界が広がることにほかならない。

さらに重要なのは、学校は生徒の学校時代の後々まで残る安定性をつくり出すということである。多くの卒業生は学校の近くにとどまり、学校の近所の住民となる。学校内で職を得る者もいれば、マシューのように出身校で教師になる者もいる。今日、ろう学校があるフランスの町には、たいていろう者のつくった社交クラブもある。たとえばアルビには、成人のクラブの建物がろう学校と道をはさんだ向かい側にあり、そのクラブと学校は互いの設備をいつも利用し合っている。

ろう児のための学校は、ひとつの構造をつくり出し、そのコミュニティに二〇〇年以上も継続感を与えた。それぞれの新しい世代の子どもたちは、ド・レペや彼の遺志を受け継いだ弟子たちが設立した学校のひとつに入学し、歴史が、学校の中で、また学校のまわりにできあがったコミュニティで、代々受け継がれていく。

ド・レペの伝承はこうしたコミュニティがどのようにできていったかを語る一方で、ろう者の特殊な環境、つまりろう者は聴者の世界の内部で互いを見つけなければならないことを認めている。たいていのろう者はろう者のコミュニティを知らない家に生まれる。学校やそのまわりのコミュニティに入らない限り、彼らはろう者の集団に入れないし、ろうの歴史についても知ることはない。ド・レペの暗い道での彷徨は、ろう児たちがド・レペ同様、ろう者に出会うまでの彷徨を表しているのである。マシューのように、子どもたちは誰もがコミュニティに入って、手話、またはマシューの言う「教育を受けたろうあ者の手話」を教わるのを待っている。そして探求の旅の終わりには、ド・レペの探求の終わりがそうであったように、ろう者のコミュニティの温かさの中での救いが待っている。

ド・レペの話はフランスでと同じく、アメリカでも伝説の一部になっている。アメリカのろう者にとっても、それは望ましくない状態――コミュニティも言語もない――から望ましい状態へと変わっていくことを象徴化している物語なのである。とりわけ感情溢れる例が『アメリカろうあ年報（*American Annals of the Deaf and Dumb*）』へのJ・J・フローノイというろう者の投書である。彼については後の章で述べる。世間の無知に抗議する中で、フローノイはフランスの伝説にあるのと同じイメージを呼び覚ましている。「われわれはろうではあるかもしれないが、けっして獣ではない！　人間なのだ！　ド・レペの時代はわれわれの精神の誕生の新時代だった。不安に苛まされた長い夜の後に、われわれの惑星が光を放つ星を中心とする軌道にようやく到達したのだ」（Flournoy 1858c: 149–150）。

アメリカのろうコミュニティにも自分たちの伝承がある。それらは、ド・レペの話に見られたのと同じように、神話を通してコミュニティを再建したり、堅固にするという推力を明らかにするものだ。ジョシュア・デイヴィスの話が一例である。それは南北戦争のころに活躍した少年の話で、ある家に伝わる身内の者についての逸話がもとになっているが、今では国じゅうのあちこちに広まった。『ろう者の遺産（*Deaf Heritage*）』（ギャノン、一九八一年）に記録されている版を紹介しよう。

南北戦争中のある日のこと、ジョージア州のアトランタの近くで、一八歳のジョシュア・デイヴィスは両親が所有する南部プランテーションでリス捕りをしていた。ふと、彼は北軍兵士たちに取り囲まれていることに気づいた。デイヴィスは耳が聞こえないが、彼らが自分にどなっていることがわかった。デイヴィスは耳を指さして自分はろうだと身振りで示したが、兵士たちは信じなかった。兵士たちは彼がスパイであり、ろうであると見せかけて自分たちをだまそうとしているのだと思った。彼らはデイヴィスをそばの家まで乱暴に押していったが、その家の前に立っていた夫婦が、その若者は自分たちの息子で本当にろうだと告げた。それでも彼を捕らえていた兵士たちは信じないで、若いデイヴィスをスパイとして縛り首にするためのロープを探していた。そこへ、馬に乗った上官がやって来た。上官は「耳が聞こえないふりをした」スパイの若者を捕らえたと聞かされた。上官は若者のところへ降り立って、指文字で「君はろうか？」と示した。若者は「そうだ」と手話で答えた。次に、「どこのろう学校か？」と上官は訊いたので、若者はケイヴ・スプリングのろう学校だと答えた。それを聞いて、上官は縄をほどくように命じ、くだんの家へと帰らせたのである（Gannon 1981: 9–10)。

じつのところ、この上官には、「手で話すことを教えてくれた」ろうの兄がいたのだった。

これにはほかにも似た話があるのだが、いずれもすべて、核心部分は同じである。不運なろうの少年が兵士たちに捕らわれてスパイだとされて縛りつけられたが、身内にろう者がいる上官のおかげで助かったという話である。とくにこの話の場合、構成がよくできているのが特徴である。ジョシュア・デイヴィスは、最初は身振りを使うことで恐ろしい状態から逃れようとした。「デイヴィスは耳を指さして自分はろうだと身振りで示した」。それが失敗に終わったとき、彼の両親は「その若者は自分たちの息子で本当にろうだ」と話し言葉で嘆願した。しかし、それもだめだった。そこへ、神の助けか、上官が現れてその少年にテストをした。上官がデイヴィスに指文字で話しかけたところ、正しく答えられた。次に、ろう者だけが知っていることを尋ねてみた。「どこのろう学校か?」と。デイヴィスはまたもや正しい答えを返した。このテストに合格してデイヴィスはろうであることが証明され、自由の身になったのである。

『ろう者の遺産』のこの話の見出しには、「手話は命を助ける」とある。確かにその通りである。しかしここでは命を助けるのにあてにできないものについても語られている。身振りや話し言葉である。簡単な身振りでは縛り首にされてしまう。話し言葉もろう者の命を救う手段にはならない。ほかのろう者から得られるろう者のみがもつ知識こそが命を助けることができる。

こうした物語は家族の歴史をまとめたという以上の価値がある。つまり、自分たちの集団の基本的な信条を主張していくやり方として積極的な方法なのである。これらの物語は

「教え」なのであり、たんに過去を呼びさますにとどまらず、人生の指針が何であるべきか、何を尊重しなければならないかを示すものだからである。このような教えが、全米ろう協会の会長であったジョージ・ヴェディッツの一九一三年の「手話を大切に」という題の講演にも見られる。しかしこれは、ある家族から学んだ教訓ではなく、武器をとることを呼びかけているものである。フィルムに記録されているヴェディッツの講演では、ド・レペ神父の話を取り上げ、その神話に忠実に、神父の業績についての誤りを繰り返している。

ろうあの友人および仲間たちよ……。フランスのろう者はレペを敬愛した。レペの誕生日が来るとろう者たちはさまざまな宴会に集い、レペが地上に生まれたことを祝福するのだ。彼らはヴェルサイユのレペの墓へと赴き、尊敬の念を示すために花束や緑のリースをその墓に供える。ろう者にとっての最初の教師であるがゆえにレペを愛しているのだが、それ以上に、自分たちの美しい手話の父であり発明者であるがゆえに、ろう者は彼を愛したのだ。[*3]

*3　キャロル・パッデンによるASLからの翻訳。

ジョージ・ヴェディッツ

ヴェディッツによると、この講演が行われたのは、一般の歴史でもよく知られている一八八〇年に開催されたミラノでの国際聴覚障害者教育会議の三三周年を記念する式典のときである。ヴェディッツの時代には今日同様、ミラノ会議は徹底的な「改革」をもたらしたとして人々の記憶に残っていた。つまり、ヨーロッパじゅうの学校でろう児の教育手段として手話が禁止され、ヴェディッツの言う「口話法」に対する新たな熱狂が起きた改革である。この転換はド・レペ神父の遺産を放棄することを意味した。だからこそ、ヴェディッツは自分の講演の最初に神父のことをほのめかしたのだった。

ミラノ会議を取り上げ、アメリカのろう学校にも同じような改革を行おうとした者たちを批判しながら、ヴェディッツは次のような生き生きとしたイメージを呼び起こす。

この三三年間、フランスのろう者たちは目に涙をため心に痛手を受けつつ、ろう学校から美しい手話が奪い取られるのを見てきた。この三三年間、ろう者は学校に手話を取り戻そうと闘い、要求してきたが、この三三年間、教師たちは彼らを退け、訴えを聞こうともしなかった。教師たちはそれよりも、自分はろう者の教育のことはなんでも知っていると思い込んでいる人たちの価値のない無慈悲な要求に耳を傾けたのである。彼らはろう者の思考も、心、感情、願い、要求も何もわかっていない。ドイツでも事情は同じだった。ドイツやフランスのろう者はわれわれアメリカ人にうらやむようなまなざしを向ける。足首を鎖でつながれた囚人が、思いのままに歩きまわれる自由な人を見るかのように。彼らは、アメリカのろう者は教養や精神の面においても、社会での成功においても、幸福度の面でも、自分たちより優れていると率直に認めている。だが、彼らは何ゆえにわれわれが優れていると思っているのだろうか。……それはただひとつ、アメリカでは手話を学校で使うことが認められているからである。フランスのろう者はただひとつの理由で自分たちは劣っていると思い込んでいる。それは学校では口話主義でなければならないということである。……そこでは、指文字は排除され、手話も排除されてしまったのである。

断っておかねばならないが、ヨーロッパのろう者の立場についてヴェディッツがここで述べていることは、度を越していると思われるほど手厳しいし、ヨーロッパとアメリカとの比較も誇張されている。ヴェディッツは、アメリカのろう者はヨーロッパのろう者より優れているだけでなく言語においても優れていると明言している。だが、ヨーロッパの多くのろう学校でろうの生徒が手話を使用することを禁じられたにもかかわらず、手話はヨーロッパから消え去ったわけではなかった。ただ、公共の場から、学校当局の目の届かない私的な場に移ったのだった。ろうクラブは存続し、学校とろうクラブとの結びつきも限られたものではあったが続いていたことからわかるように、コミュニティ自体が、学校との結びつきの変化の結果として崩壊することはなかった。

しかし、資料を駆使してミラノ会議以降のヨーロッパにおける変化を調査したレインの研究（一九八四）によると、公共政策では大きな変化があった。ほとんどの学校では新しい教育勅令に従って、ろうの教師を解雇、または教職以外の地位に追いやった。それまでも、ろう成人でろう児の教育に携わっていた人の数はそう多くはなかったのだが、今やさらにろう教育でろう者が貢献できる部分が狭まってしまったわけである。

こうした改革に対するヨーロッパのろう者の無力さは、ヴェディッツのようなアメリカ人には脅威だった。講演が終わりに近づくと、ヴェディッツは自分の手話のテンポを速め、アメリカのろう学校にもヨーロッパと同じようなことが起こりかねないと警告している。

しかし、われわれアメリカのろう者にも、われわれの学校にとっても危機の時期が急速に近づいている。偽預言者が現れ、われわれが受けてきたろう教育はすべて間違いだったと言いふらしている。このような人たちは口話法こそがろう者にとっての一番の手段だと教え、信じ込ませようとしてきた。しかし、われわれアメリカのろう者は知っている。フランスやドイツのろう者も、本当のことを知っている。口話法はもっともお粗末なものだということを。われわれの美しい手話は今、彼らの試みのなりゆきを明らかにしようとしている。彼らは手話を教室からも教会からも地球上からも追放しようと努めてきた。そう、彼らはそうしようとしたのだ。だから、われわれの手話は衰えつつあるのだ。……「ヨセフを知らぬファラオの新たな子孫」がこの地にやってきて、われわれのろう学校を征服している。彼らは手話ができない。ゆえに手話を理解していない。彼らは、手話は無用でろう者にはなんの助けにもならないなどと宣告する。彼らは手話の敵であり、ろう者の真の福祉の敵でもある。……地球上にろう者がいる限り、手話は存在する。……私が願っているのは、神がろう者に授けたもっとも高貴な贈り物として、この美しい手話を愛し、守ることである。

ヴェディッツは力強い象徴を巧みに織り込みながら、ド・レペ神父の手話がろう者のコミュニティに理想的に溶け込んでいるよき世界のイメージから、「無慈悲な」人たちがろう者から彼らの言語を「奪い取って」しまう不吉な世界へと観客を導く。手話をろう者から「奪い取って」しまったら、ろう者たちは絶望するしかなく、「足首を鎖でつながれた」捕らわれの身となってしまう。そして、自分の言語になんの制約も課されていないほかの者たちが、「思いのままに歩きまわる」さまを見ることになるのである。

聴者が提示した世界での闘いという同じテーマの現代の例が、アメリカろう者劇団製作の『第三の眼』（一九七三）に見られる。その野蛮なイメージゆえに忘れがたい特別なこの場面は、劇団員のひとりが寮制の学校でクラスメートが体罰を受けているのを目撃した経験をもとにしている。このような学校に在籍したろう者たちにとって、この場面は水責めやむち打ちという、このような学校では珍しくなかった体罰を思い出させる。観客の一部にとっては過去との感情的な結びつきがあるに違いないもの。俳優たちは、そこからメッセージをつくり出す。

場面が始まると薄暗い明かりが舞台を照らす。スポットライトに照らされてひとりの娘が二人の頑丈な付添人にしっかりと抱えられて登場する。彼女の後ろにいかめしい顔つきの不気味な、おそらく八フィートはある、暗い色のマントをはおった姿の人物が現れる。付添人たちは指図を待ち受けるかのようにその人を見る。その人物はある語を発し、

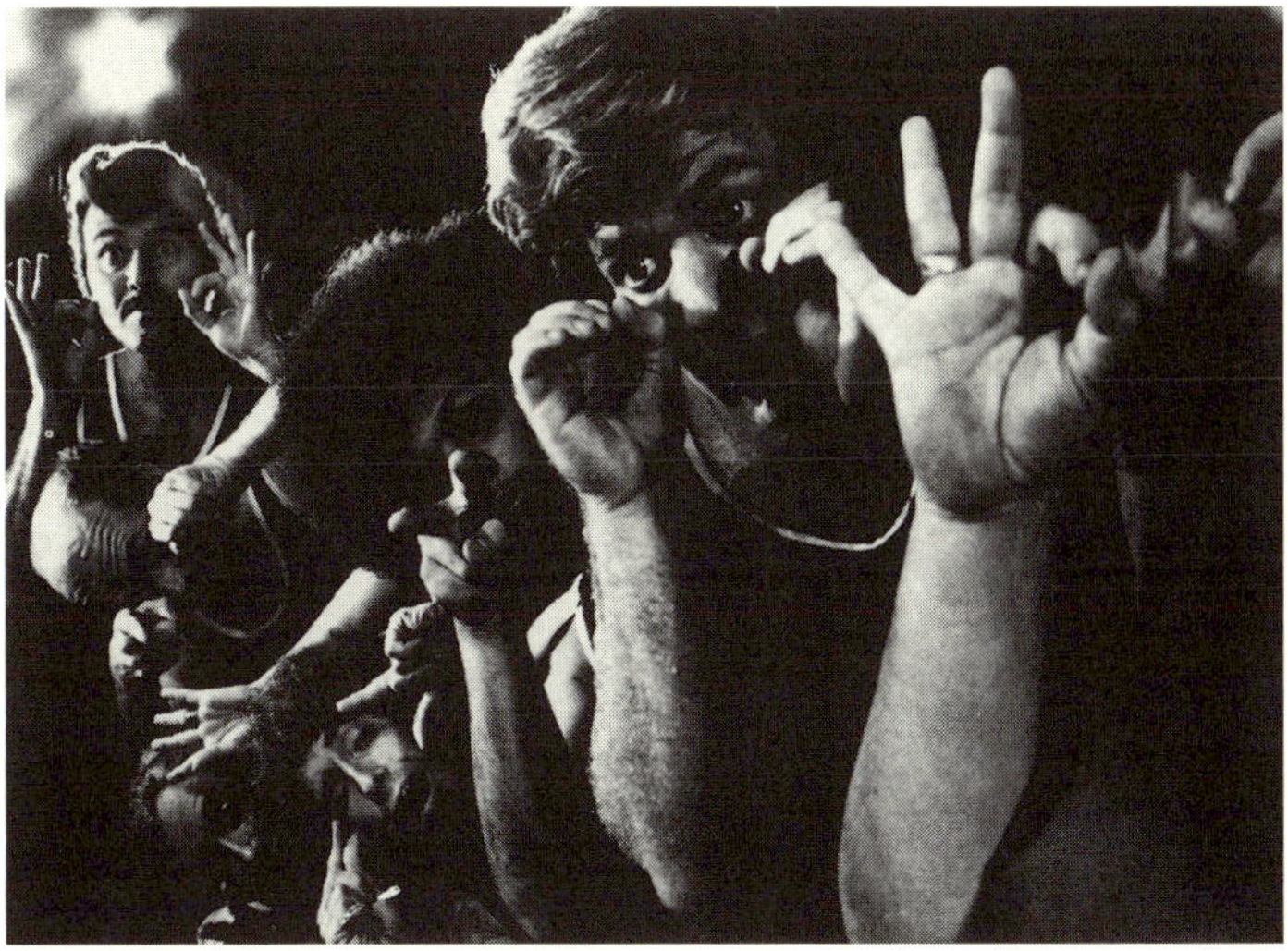
「第三の眼」より

娘にもう一度繰り返すように言うが、彼女は正しく発音できない。その人物は冷たく指図する。付添人は手をぐっと握ると、彼女の顔を目に見えないボウルの水に突っ込む。彼女はもがくが、付添人の腕力から逃れられない。再び水の中に突っ込まれ、もう我慢ができない状態になってやっと手が緩められる。大きな人物がまた同じ言葉を発する。繰り返される水責めに力もなく、逃れるすべもない中で、彼女はもう一度発語を試みるが失敗する。またもや指図が出て水責めにあう。奥ではほかの役者たちが無言で立っていて、死にそうな娘を見ている。この場面はその娘がほとんど息絶えるところで終わる。

ここまで来れば、これらのイメージの象徴的な中身は明らかになるであろう。娘は話すことを強要されるが、冷酷で不気味な強者を満足させられず、逃れることもできず、死に向かう。ジョシュア・デイヴィスの話では、聴者に属している口話では、スパイと間違われたろうの少年を死から救うことはできない。彼は手話のおかげで助かったのである。ヴェディッツの講演では、同じコントラストが見られる。一方には、話すことに固執する者たちの手で捕らわれの身となるイメージ、もう一方には、手話、すなわち「神がろう者に授けたもっとも高貴な贈り物」がある。

これまで挙げてきた物語、講演、演劇は、暗闇、この世にあらざるもの、絶望へと陥ってしまう世界の恐ろしさへの警鐘である。これらの資料の中で私たちが見てきたのは、ろう者が真実で不変だと考える思考様式であり、表現である。それは、ろう者が望む世界に到達するために必要な中身でもある。すなわち手話およびろう者の共有された知識、あるいはヴェデイッツのいわゆる「ろう者の思考、心、感情、願い、要求」なのである。

冷酷、監禁、死を描くイメージが選択されて、ろう者が思い描いたのではなく聴者が提示した世界とそれらのイメージとが結びつけられているのは偶然ではない。これまで述べた話の中でもそうした世界とイメージは積極的に結びつけられている。ろうコミュニティの者が、自分たちの指針となり、自分たちの生活を自分で築くもととなる知恵を伝えていくひとつの方法が、「間違った」あるいは「危険な」生き方についての物語を語り伝えていくことなのだ。日常生活――歴史を通じて、手話ではなく口話が広めることに固執してきた聴者の中での暮らし――のプレッシャーや緊張が、冷酷や監禁や死のイメージの中に溶け込んでいく。「監禁され」「捕らわれ」「水責めにされる」ことなくどう生きるかという、ろうコミュニティで語り伝えられる話は、自分たちのものである手話を守るための訓戒となるだけでなく、口話や聴者の世界で生きていくという巨大なプレッシャーに直面しながらも、まさしく手話やろう者としての生き方を守っていくための励ましの言葉にもなるのである。

この章や後の章にも出てくるこのような物語は、二つの点でろう文化にとって本質的なものである。ひとつは、ほかの文化同様に、これらの物語は歴史の運び手なのである。つまり、今という時間のために過去を繰り返し、再構成する仕方である。第二に、ろうコミュニティという特殊な状況のもとで、これらの物語は別の役目も引き受けている。それらは、ろう家族出身ではないろう者にろうコミュニティの知恵を教える有効な手段となっている。最初に述べたように、病気や遺伝で何世代も続けてろうとなる確率は低い。このために、ろうコミュニティの大部分は、自分の生まれた家以外の文化を学ばねばならない人たちから成り立っている。このコミュニティの特別で専門的な知識、普通なら親から子へと伝えられる知識は、なんとかしてほかの方法で伝授されねばならない。

これまで紹介してきた話は政治的なものだったり（『第三の眼』ヴェディッツの話）、儀式のように決まって語られる話であったり（ド・レペの話）、または物語風だったり（ジョシュア・デイヴィスの話）と、やや違いがある。しかし、これらの話すべてが世代から世代へと伝えてきたメッセージは同じである。すなわち、ろうのあり方というものが存在する、というメッセージである。

第3章 異なる中心

第1章で「学校に入って初めて自分がろう（deaf）であることを知った」と話した友人ハワードを紹介した。ハワードの言葉は、ろう者（Deaf）とろう者（deaf）の意味は少なくとも同じではない、ということを示している。ろう者は一種の集団を指し、それに属する者のことを言い、ろう者は話したり聞いたりすることができない人のことを言う。私たちはほかの友人との会話を通して、ろう者とろう者という、明瞭ともいえるこの二つの語句の裏には、めったに描かれることのない意味の世界があるのだということがわかってきた。

電話を使えるか使えないかという話題で、ある知人が言った。彼女は電話は使えないよ、なぜなら「ちょっと難聴　A-LITTLE HARD-OF-HEARING」なだけだから。そうして私たちは、その婦人はほんのわずかしか聞こえなくて電話も十分に使いこなせないという意味として受けとめた。

また別の日に、別のろうの友人が私たちの知らない女性の名前を出して、彼女が「かなりの難聴　VERY HARD-OF-HEARING」でいかに耳が聞こえる人かということを説明した。その友人は、彼女はいつも電話を使って仕事をしていると付け加えた。

私たちはそのとき、この会話を変だとは思わなかった。これらのアメリカ手話（ＡＳＬ）の単語を一語ずつ英語訳したら、その英語がもつ意味とは正反対のことを意味することになるという事実が頭になかったのである。「ちょっと難聴」というのはほんの少し耳が悪い人という意味で、「かなりの難聴」は聞き取ることがかなりできない人という意味であるのに対し、私たちや友人たちは、まさに英語での意味とは反対の意味で手話を使っていたのだった。

それから間もなくして、私たちのコミュニティの年配のメンバーであるダンが私たちに、「ちょっと難聴」と「かなりの難聴」が一部のろう者のあいだで間違って使われていることを知っているかと訊いたとき、私たちは理解しはじめたのだった。ダンはこの「間違い」について次のように説明した。こういうのはろう者たちにありがちな間違いで、それは英語力が足りないからだと。私たちはこの説明には驚かなかった。別の機会に、私たちも同じようなことを言ったかもしれなかった。ろう者は英語を聞き取ることができない、だから英語を完璧に身につけられない。この場合はたんに逆の意味に読み取るという問題であった。ろう者たちはこのような手話の誤用に気がつくべきである、とダンは語った。

しかし、それが間違いなら、と私たちは考えた。どうしてこんなに多くのろう者が、英語力のある人も含めて、こういうふうに使うのか？　おそらく、これは間違いなどではけっしてなく、たんに意味のとらえ方が違うのではないか。アメリカ手話（ＡＳＬ）は話し言葉を直接表現したものであるとしばしば考えられているが、実際には英語とは別の独立したものである。手話とその英語訳は重なる意味をもつこともあるが、手話は英単語のたんなる言い換えではない。私たちはダンに、手話を翻訳するために使われる英単語とは独立した観点から手話を扱うべきだと言った。

しかし、ダンは反論しようとした。確かに、すべてのろう者が「間違って」これらの手話を使っているわけではないことも私たちにはわかっていた。一部の、実際には多くのろう者が「ちょっと難聴」をかなり聞こえている人、「かなりの難聴」をまったく聞こえない人、という意味で手話を使っている。これをどう説明すればよいのか？　これらの言葉は、英語による「正しい」定義に従って使われることもあるのだと、私たちは同意せざるをえなかった。

二つの対照的な意味をもつ言葉を前にして、ダンは矛盾を解決する方法は「難聴」の「正しい」定義づけであるとし、英語の意味に従うほうを選んだ。もうひとつの用法は彼の目にはたんなる間違いでしかなく、いくら反論しても頑として譲らなかった。一般に認められる定義はひとつであり、あとはみなたんなる間違いでしかないのだと。

こうした逆の定義を説明するのに最初の助け舟となったのは、ある友人から聞いた話だった。二つのろう学校のあいだで行われたフットボールの試合で、彼はホーム・チームが相手チームを「聴者」と呼んでいるのを見た。相手チームの学校名がスコアボードにはっきりと記されているにもかかわらず、ホーム・チームは不思議にも相手チームもろう者であることを「忘れて」いたのだ。私たちは笑った。しかし、はたと思ったのは、この「間違い」は「聴者」を定義づけるのに重要なコンセプトを浮き彫りにしているのではないかということだった。つまり、「聴者」はいわば私たちとは正反対のものであると。

「聴者 HEARING」という手話は一般の英語訳では、「聞くことができる can hear」であるが、ASLでの「聴者」は「ろう者」や「難聴」という言葉と興味深い関係にある。ASLでも、英語同様に、「難聴 HARD-OF-HEARING」はある種の逸脱の意味である。「ちょっと難聴 A-LITTLE-HARD-OF-HEARING」である人は「かなりの難聴 VERY HARD-OF-HEARING」の人より中心に近い。この部分ではASLと英語は似ている。しかし、これらの言葉はこの二つの言語ではそれぞれ反対の意味になっている。理由は明らかである。ろう者にとって一番遠い者は「聴者 HEARING」だからである。

このことが前出の「反対」の意味を理解するのに決定的な要素となる。つまり、中心が違うのである。逸脱の基準が違うことになる。ここでは、「聴者」でなく「ろう者」が評価の基準点となっている。「ちょっと難聴　A-LITTLE-HARD-OF-HEARING」はろう者からわずかに離れている人のことで、だからほんの少ししか聞こえない人のことを言うのである。「かなりの難聴　VERY HARD-OF-HEARING」は中心から非常にかけ離れた人のことであり、つまりよく聞こえる人ということになる。

この意味の違いに気づいてから、私たちはこれらの言葉がどのように使われているかを観察しはじめた。多くの友人たちは、私たち同様、ひとつの定義だけを使うのでなく、コンテクストや状況次第で意味を使い分けることが多かった。この使い分けはちっとも不便でも混乱することもなく、むしろ普通で当然であった。しかもこの変換は無意識になされているのだ。友人が私たちにこのことをもち出さなければ、自分たちがどのようにこの言葉を使っているのか、私たちは考えもしなかっただろう。

このようなろう者と「難聴」の定義づけは、ほかに類のない特殊な例ではない。むしろ状態とアイデンティティの関係を示すための慣習が存在する、より大きい意味の世界があることを教えてくれる。この意味の世界の内部には——英語や聴者の言語の世界と比べてみると——違った配列の仕方があり、異なる中心があるのだ。

友人や同僚との会話から、私たちは、ここに挙げたレッテル貼りや定義、さらにろう者が自分たちや他者に対して使うもっと多くのレッテルや定義は、研究分野として豊かなものとなると思った。この分野は「公式な」、あるいは正確な英語の意味よりも軽視され、無視されることが多かった。私たちがこの本を書きはじめたとき、誰のことを書くのかとよく訊かれた。ある友人は、専門家である私たちの友人のことだけを書くのか、それとも「普通のろう者」のことも書くのかと訊いた。彼は、世の中にはたくさんの「普通のろう者」がいるのだから、「特別な」ろう者のことだけを書いてはいけないよ、と諭した。ろう者すべてが私たちのような者とは限らないのだから、彼は、十分な教育を受けられなかったために犠牲になっている人たちの問題を必ず書いてくれと願ったのだ。

別の友人は、「物売り」、つまり寄付と称してバッジやアルファベットのカードを売って生活している旅商人について書くつもりはないか、と訊いた。「勤勉で正直なろう者」のことだけ書くのか、と彼は皮肉を込めて言った。それとも、いやしい者も含めたすべてのろう者について書くのか、と。また別の友人は、「聴者の世界」に「よい手本」を示すためにも「学識あるろう者」に焦点を当てるべきだと提案した。

それぞれの忠告、それぞれのレッテル貼りはろうを中心としたカテゴリーの中にグループがあることを示しているが、さらに、こうした忠告によって、自分はろうだと言う人たちが使う、めったに記述されることのない意味の世界が現れ出た。私たちはさまざまなカテゴリーを整理するにあたって、誰がどのカテゴリーにいるかでなく、それぞれのカテゴリーが自分自身、また他人との関係を示すものとしてどのように使われているかに焦点を当てた。

一般の人に対しては使われないが、地位の低い人たちを周縁化するために使われるレッテルもあった。軽蔑や嘲笑、誇りや尊敬などの意味を込めたさまざまなレッテルをろう者がいかに使い分けているかを無視すると、きれいごとを並べることになるだけでなく、私たちの説明も貧相なものになってしまう。それぞれのレッテルは、細かい、あるいはきつい表現であっても、このグループの深い信念や畏怖を理解するのにそれなりに役に立つ。

私たちはろう者と聴者の明らかに対照的な区別からはじめることにした。ろうとは何か。ろうはまず第一に、それ自体グループの正式名称となっている。アメリカろう体育協会（American Athletic Association of the Deaf）、全米ろう友愛会（National Fraternal Society of the Deaf）、全米ろう協会（National Association of the Deaf，ＮＡＤ）など、ろうの団体は名称に「ろうの（of the Deaf）」と特記するようにしている。これら正式名称は、失聴した成人たちの要求に応えるべく最近設立された「難聴者のための自立の会（Self-Help for the Hard of Hearing，ＳＨＨＨ）」の名称とは対照的である。この団体にはろう者の会員もいるにかかわらず、その社会的、政治的アジェンダはほかの団体とはまったく違う。最近の全国集会のプログラムを見ればこの違いがはっきりわかる。NADは、手話、メディアにおけるろう者のイメージ改善、地域の「ろう者の、ろう者による、ろう者のための」社会的サービス機関を求める陳情活動の方法に関するワークショップを定期的に開催している。それに対し、SHHHは、期待できる聴力障害の最新治療、読唇術の向上、補聴器のような補助器具の使い方に関するワークショップを開催している。近年、ろう者もそのほかの聞こえない者も同じ「聴覚障害者」とすべきだと多くの人たちが働きかけてきたにもかかわらず、ろう者たちは自分たちのことを「ろう者」と言っている。

私たちはサンフランシスコの地下鉄で偶然ろうの知人に会ったのだが、そのことで、何がろうでないのかを知った。普通に挨拶した後、会話をはじめた。サンフランシスコで仕事をしているの？　地下鉄に乗るのは楽しい？　と訊くと、彼はそうだと答えた。いつもこの地下鉄に乗るんだ、なぜなら「障害者」割引を使えば車で通勤するより安くすむからだ、と。しかし、そのときすぐ、彼はこう付け加えた。「僕は障害者割引を使いたいわけじゃないんだ」。私たちは共感してうなずき、彼は続けた。「でもねえ、そうさせてもらえるんだし、どんなに節約できるか考えてごらん」。私たちは彼が公的な資金を有効に使っているのは良いことだと伝えた。しかし私たちは彼が不愉快に思っていることに注目し、彼にとっては「障害者」という言葉はろう者でなく、目の見えない人、あるいは身体的に障害をもつ人のことなのだと知った。

「障害者」というラベルは歴史上、ろう者には使われてこなかった。それは政治的な自己表現と目標を暗に意味し、ろう者というこのグループにはなじめなかった。ろう者がろうについて話し合うとき、彼らは自分たちの手話、過去、コミュニティと深い関わりをもつ言葉を使う。彼らの関心は常に自分たちの手話の存続、ろう教育の方針、そして社会的、政治的団体の維持に向けられてきた。ろう者にもなじみのない「アクセス」「市民権」という現代用語は、ろうコミュニティ特有の関心事よりも一般大衆がより理解しやすいので、ろうのリーダーによって使われてきた。ろう者は自らを障害者と呼ぶことで得られる経済そのほかの点での特別な利益を知っているので、ろう者には不快だったとしても、ほかの障害者グループと連携してきた歴史がある。しかし地下鉄で会った友人が私たちに言ったように、「障害者」は自分のアイデンティティを示す第一の用語でなく、むしろそれを否認するものだった。

この友人の不快感から、私たちはろう者は自分のことを聴者《アザーズ》〔他の人たち〕に対してどう表示すべきかという初期の論争を思い出した。第二次世界大戦時から、ろう団体や政治的リーダーたちは、公衆に慈悲を求めるろうの物売りが目立って増えてきたことを問題視しはじめた。ろうの物売りは少なくとも中世初期から存在していたとはいえ、団体側は、この「体だけは丈夫な無骨者」に物売りをされるのは「勤勉で正直な」ろう者には耐えがたいことだと明言した。

ろうコミュニティの年配のメンバーは物売りのことについて話すとき、「施しを乞う」という手話を使ったが、実際には、物売りたちは「浮浪者取締法」に触れないように、物乞いをするのでなく、「寄付」をもらう代わりに安価なバッジを売るのだった。大戦が終わってからは、彼らは絆創膏の箱を、自分たちはろうで、仕事がなく、家族を養うこともできないでいますと書かれた小さなカードを添えて売るようになった。カードの裏にはたいてい指文字の絵に短文がついていた。「ろう者と話してみませんか！」。戦後、駅構内やダウンタウンのバーは物売りにとって絶好の場となった。普通一ダイム（一〇セント）か一クオーター（二五セント）もらえた。運がいい日には二五ドルから三〇ドルが集まった。物売りたちは今日もまだ歩きまわっているが、世間では彼らは「麻薬に溺れた者たち」と見られている。彼らの稼ぎ場は空港やショッピングモールへと格上げされ、絆創膏でなく櫛、ペン、鋏、聖書用のしおりを売っている。

物売りについての論争はおそらく戦後がもっとも盛んで、もっとも白熱したと思われる。よく読まれているろうのニュースマガジンの記事や投書でしょっちゅう取り上げられるのは、手話に関するテーマの次には、物売りの「問題」だった。全米ろう友愛会（The Frat）の会長であるアーサー・L・ロバーツはその機関誌の論説で、物売りについてきびしく書いている。「世間一般の人たちに言おう。立派な車で国中をまわり、高級ホテルに泊まり、一日のうちほんの数時間だけ働くずるいやり方で生計をたてている者たちを援助する公衆の鈍感さを嘲っている、体だけは丈夫な無骨者に、一セントを施すのはやめるべきだ」（Roberts 1948）。ロバーツはまた、地元のろうクラブの集会所に物売りと思われる人たちのリストを貼り出すなど、個々の物売りたちに対抗しようとした。物売りの「王」と噂された人の聴者の息子で弁護士でもある人が、名誉毀損でロバーツを訴えると脅したため、このリストははがされた。

アーサー・L・ロバーツ

全米ろう協会（NAD）は物売り弾圧委員会を設け、その公的機関誌である『サイレント・ワーカー（*Silent Worker*）』で読者に対し「物売り排除」についての意見を求めた。ときには、キャンペーンが悪意あるものだとして、リーダーを批判する少数派の意見も掲載された。

［アーノルド・］ドルトン氏や物売り弾圧委員会にはアーカンソーに来て、失業者――養うべき家族がいるのに、食べ物を買うお金がない――がどれほどいるかを少しでも理解していただきたいと、私はどんなに願っていることか。私は、数か月にわたって良心と闘った後で物売りに身を落とした人たちを非難しようとはこれっぽちも思っていません。かつては物売りを熱心に批判していましたが、問題の解決のためにはその原因を知るべきだと思います。アーカンソーの物売りたちに仕事を与えてください！　そのときには私たちの町に物売りがひとりもいなくなっているに違いありません。最後の五セントを賭けてもよいと私は思っています（Collums 1950）。

新たなリーダーを迎えた友愛会とＮＡＤは、明白で社会的かつ政治的なアジェンダを求め、物売りへの断固たる措置こそが、ろう者の生活改善を目指す自分たちの信念と一致するとした。彼らは、ろう者の貧しさはろう者は怠惰で無能だという世間のイメージからくると信じた。物売りを排除することは、ろう者は物乞いだというたいていの人がもっている認識を取り除くことにもなるとロバーツは固く信じていた。

架空のろうクラブを舞台にした演劇『クラブルームでの話（Tales from a Clubroom）』（Bragg and Bergmann 1981）では、物売りに関する論議によって緊張が表面化する。クラブのメンバーたちは、クラブに来て、自分もその一員であるかのようにふるまうにいたった「けばけばしく着飾った」ひとりの物売りを非難し攻撃する。しかしその物売りは、仕事ももたず、「聞こえるやつら」から盗み取っていると彼を責める人たちへの答えを用意している。「あなたたちは私がお金を盗んでいると責めるのですか？　この私が？　いいえ、あなたがたは間違っている。ろう者であるために聴者が私から取ったものを私は返してもらっているだけです」（Bragg and Bergmann 1981: 113）。物売りを正当化するものが何であろうと、それはたいていのろう者にとっての自己イメージ、もしくは聴者にもってほしいろう者のイメージとは正反対のものなのである。

物売りは、よく「普通のろう者」と呼ばれる集団の出身である。レオ・ジェイコブズは『あるろう者、ついに語る（A Deaf Adult Speaks Out）』（一九七四）で、ろう者には九つのカテゴリーがあるとしている。普通のろう者、ろう家族《デフ・ファミリー》出身の先天性ろう者、そのほかの先天性ろう者、言語力の低いろう者、教育を受けていないろう者、口話教育を受けた者、聴者の学校出身の者、中途難聴者、難聴者、と。

一番目のカテゴリーをジェイコブズは重視した。英語ならば「私は普通のアメリカ人です」と言うが、ASLでは「普通の人」という言い方は英語で言う典型的という意味ではなく、むしろ、「無学な」、あるいは世間常識に欠けた者を指す。英語力があり向こうの〔聴者の〕世界について十分な知識をもつろう者は「普通」でなく「十分な教育を受けた」者とされる。知識がなく、満足な教育も受けられなかった、あるいは子どものときに十分にしつけられなかったために、大勢のろう者がいわゆる「普通の」グループに属することになり苦しんでいることを、ジェイコブズはいまいましげに語っている。このことは、普通のろう者は、どちらかと言えば、このように苦しんでいるのだという一般的な認識を示している。

L‐V〔言語力の低い、low-verbal〕という呼び方は、普通は教育に恵まれなかった人を指すが、低所得のマイノリティを指す隠語としてもよく使われる。L‐Vは一般的に「利口でない」という意味にもなる。ジェイコブズは、「それぞれ理由があって与えられるべき教育の大部分を受けられず」、そのためにほとんど読み書きができない人たちとしてこの種の人たちを描写している。以前、私たちがある都市部のろうクラブへの参加方法を質問したとき、そのクラブのメンバーはほとんどL‐Vだから行っても無駄だと言われたものである。キャロルは子どものころ、ろうの物売りの多くはL‐Vで、あくどい物売りの王のために働かされているのだと聞かされていた。もっとくだけた表現には、おおざっぱに翻訳すれば、「はずれた人たち」「田舎者」「麻薬をやっている人たち」という意味になる言葉がある。これらの区別も本来、教育のあり方によってもたらされる特徴に言及しているのに、教育のない者、ろくな仕事にありつけない者、長年失業している者にレッテルを貼る方法になっている。

ジェイコブズは「先天性」という言葉を使って、ろう集団に対する一般的な区別を示している。「言語獲得以前に聴力を失った」者は「先天性」ろうと呼ばれ、一方、「後天性」ろうは、「言語」を獲得した後に聴力を失った者を指している。ここでいう「言語」はもちろん、英語のことであり、手話でない。この区別は、手話を第一言語として習得し、それゆえ「後天性ろう」の人と同様に人間の言語を母語としている人たちを無視するものである。これらの呼び方は、「聴者」を中心とした一般枠の中で当たり前のように使われており、ASLを含む人間の言語を獲得した年齢でなく、聴力喪失の時期や英語の重要性を強調するものである。

しかし、ジェイコブズはこの区別をほかの一般枠内で通用するものと混合させて、新たにカテゴリーを加えている。つまり、「ろう家族出身の先天性ろう者」である。ジェイコブズは、このカテゴリーに属する者たちは「積極的でほかのろう者たちに対して社交的であり」、劣等感をもつことがあまりないと書いている。「そのほかの先天性ろう者」、つまりろう家族出身でない者たちは、「ろうコミュニティの大部分」を占め、「聴者の家族をもち、幼少期に家族とうまくコミュニケーションができなかった」。ジェイコブズは次のように偏った概論を付け足している。「ろう家族出身の先天性ろう」の人たちよりも「彼らはたいていあまり積極的でなく大胆でない」(1974: 56–57)。

ろうの両親をもつろう児は、ろう者たちの中では尊重される立場にある。なぜならこのグループの言語を不自由なく使えるからである。しかし私たちが論じてきた分類すべてと同様に、これは単純なことではない。ひとつには、ろう者のグループの外では、子どもがろうである可能性が高いことを承知のうえで子どもを産むのは受け入れがたいこととされている。このような聴者の考え方は、ろうのわが子に対するろう者の見方に知らぬうちに影響を与えている。一方では尊敬され、もう一方では恥とされる。

この大きな矛盾があるために、二つのグループ、つまりろう家族出身のろう児と聴者の家族をもつろう児は一般的なイメージに振りまわされ、それぞれのやり方でこの圧力に応えるのである。あるろう夫婦の夫は長いあいだ、自分が子どものときに聞こえなくなったと言うとき、自分の妻に対して優越感を抱いていたと語った。一方、彼の妻は、自分にはろうの両親がいると自己紹介していた。夫は、遺伝ろうである妻を聴者が非難の目で見ていると思い込み、自分は中途失聴だと説明することでそれを避けようとした。彼は「偶然」、つまり病気でろうになったのだから、彼自身が責任を負うことはないのだ。

ろう家族出身の聴児から聞いた話もまた、矛盾した感情を含んでいて、カテゴリーやアイデンティティのルールの複雑さを明るみに出している。たとえば、ある友人は、最近、地元のろうバスケットボール・クラブで生じた論争について語った。このクラブでプレイすることを希望したろうの両親をもつ聴者の息子をめぐる論争である。この青年は聞こえるため、彼はアメリカろう体育協会（ＡＡＡＤ）が認可するいかなる試合にも当然参加できないはずだった。このようなスポーツ団体は、自分たちなりのルールの作成から会員資格の決定まで、ろう者が自分たちのことでほとんど完全な支配力を発揮できる数少ない場のひとつなのである。そして侵すことのできないルールのひとつに、聴者の選手は競技が「不公平」になるために試合に参加できないというのがある。しかしこの特殊なケースでは、クラブの役員たちは迷い、その選手を拒否することを渋ったのである。地元団体の役員たちがそのクラブに「合法的に」ろうでない人がいると知ったとき、規則に従うようにと圧力をかけた。聴者であるこの選手は、みんなから自分たち集団の一員であり、ろう者と変わらないと見なされ、また実際に仲間たちと区別がつかないと認識されていたので、このクラブは彼を「難聴者」にしようとした。地元団体の役員たちが彼に聴力検査を受けさせると主張するに及んで、ついにクラブの役員たちは最後の切り札も使ってしまったと悟り、泣く泣く彼をチームから除籍したのだった。

もしもこの聴者の選手にろうの両親がいなかったら、そのクラブはおそらく規則に違反するようなことはしなかっただろう。彼が競技に参加することを許されるなど問題外だったに違いない。全国的組織の監視にもかかわらず、ほかのバスケットボール・クラブで、ろうの両親をもつ聴児が何らかの「調整」をして「非公式に」、またはＡＡＡＤ非公認の試合に、参加できるようにしたという話もある。本物の部外者なら、このようなことはけっして認められないのである。

ろうの両親をもつ聴児は特殊な問題の対象となる。彼らはろう者と血のつながりがあるし、その集団の文化や言語をよく知っている。クラブの役員たちは、その選手を引き留める彼らの努力は部員たちによって支持されると知っていたし、彼を「難聴者」とする試みは無茶だとしても、ろう者のカテゴリーに彼を引き留めるのは不可能でないと思ったのである。このやり方が失敗に終わったとき、彼を追放するよりほかに選択肢はなかった。優勝を目指して競技が公平に行われなければならないときなど、レッテル貼りが重視される場合は、ろう者と「聴者」の境界は堅固なのである。

真の「難聴者」は、聴者のようにふるまえるろう者と、ほとんど聴者に近いろう者とのあいだの細い境界線を行き来する。彼らは特定の目的に対して聴者と同じようなことができる能力があるためにまわりは感心するが、聴者がいないときなど必要もないときに聴者のようなふるまいをしはじめると、うさんくさいという目で見られる。「不自由なく」電話を使える友人は、知り合ったばかりのろう者たちの前で、聴者にもっとも近い難聴者だと見なされないように電話ができないふりをしている自分に気づいたと打ち明けたことがある。別のろうの女性はろうである両親や友人たちに難聴者と呼ばれているが、彼女が若いときに聴者の同僚とのコミュニケーションが大変だと話すと両親は驚いて信じなかったことを覚えている。両親は「だけどお前は聞こえるし、話せるだろう」と言った。彼女は聴者との違いが大きくないために、聴者とのコミュニケーションが難しいとろう者に泣き言を言うようなことができないのである。

この境界線の上をうまく行き来している難聴の友人は、臨機応変に行動できるために「ろうだけど本当は難聴」だと言われている。「難聴者」はろう者にもなりうるが、そのレッテルには仮のアステリスク〔星印〕がつけられ、ときどきろう者だとされるのである。「難聴」というと聴者のような特性が関係してくるが、「口話者」と呼ばれることは激しい非難の的となる。あるろうの男性は聞こえないし、その発音もかろうじて聞き取れるほどなのに、口の動きが「聴者と同じ」であるために、「難聴」と呼ばれるようになった。彼は六歳のときに聴力を失い、「失聴者」と言われるのを気にかけなかったが、「口話者」であると呼ばれるのは許さなかった。「口話者」は誤ってすえつけられた中心、つまり、人生において選択を間違ったために生じた、自らをろう者と見なす者には受け入れがたいあてこすりになる。

「口話者」という手話には、このコミュニティにおいて社会的にも政治的にも長い歴史をもつ学校の役割が組み込まれている。〈口話法〉の学校はろう者のイデオロギーに反対するようなイデオロギーを推進しており、〈手話法〉の学校、つまり手話の使用を認めている学校は、イデオロギー的にろう者が惹きつけられる場所である。〈口話〉がもつ古い意味は徐々に失われつつあるとはいえ――学校の多くはもはや〈口話法〉とか〈手話法〉とかで説明されることはなく、そうしたレッテルは〈トータル・コミュニケーション〉といった新来語におきかわっている――、それはいまだに、常に消え去ることのない脅威、悪意ある妨害として見られている。

あるＡＳＬ教師の会合で、ひとりの女性が仲間たちの前に立ち、こう警告した。教師たちが手話やさまざまな「手話の体系」について論争しているあいだに、外では「口話主義者」がろう教育から手話を排除しようという新たな策略をたくらんでいると。私たちの真の敵を忘れてはならない、と彼女は宣言した。

「口話」というと極端な固定観念がいろいろと頭に浮かぶ。私たちの友人は二つ挙げた。「豊かな人（MIND RICH）」と「常に用意周到（ALWAYS PLAN）」である。「口話者」は常に体制派の一員であり、子どもを厳しくしつける聴者の家の者だと見なされる。家が裕福であればあるほど、その家はますます口話主義者になると信じられている（「豊かな人」）。後者の固定観念においては、典型的な「口話者」は聴者として通用するように一生懸命になっている者とされ、それがうまくいくように、起こりうるいかなる状況においても油断なく警戒している（「常に用意周到」）。このように「口話者」には、非常に強い意味合いがあり、「妨害者と仲良くなろうとして」無批判的に聴者の世界を認める者のことを言うのである。「口話の落ちこぼれ」（「口話法に失敗した者」）は、過酷な教育プログラムの結果、落ちこぼれてしまった者たちを指す言葉として使われる。ろう教師たちは「口話法の落ちこぼれたち」を自分の「手話法クラス」に受け入れ、聴者が「認めなかった者」の面倒を見る、という言い方をする。『あるろう者、ついに語る』ではこの例を挙げている。

ろうの生徒たちは、少年期にずっと受けてきた口話法が失敗だったとわかったときにのみ「手話法クラス」に入ることを許された。こうした上級生たちは、教師から一般的に、脳に障害がある、あるいは失語症、あるいは「魯鈍」と思われていた。そのため多くの賢明で有能な若者がすべてにおいて落ちこぼれのレッテルを貼られたのである。こうして彼らはその自己イメージだけでなく、希望の職業に就くために最大限の努力をする可能性にはかりしれない傷を受けたのである（Jacobs 1974: 34）。

「口話の落ちこぼれ」は、「口話者」のように人生を間違えたために犠牲を払った人たちであるが、やり直すことにより#元口話者（以下、指文字で表す言葉には#の記号を使うことにする）になることができる。ジェイコブズは、幼少期に受けた傷から立ち直り、手話を教わることで失った能力を呼び戻すことができた「口話の落ちこぼれたち」について詳しく述べている。「テッドは手話でコミュニケーションをするようになって自分の能力を知り、急にめざましく上達した。彼は同年齢のレベルに追いつき、数学には非常な適性を示した。彼の言語力は卒業する時期にはかなり正確な英語を書くほどに上達した」。『クラブルームでの話』では、クラブのみんなは口話者である仲間のスペンサー・コリンズのことを、彼が反省し自分たちのところに入ってきたため、思いやりの気もちから#元口話者と呼んでいる。しかし、彼のゆっくりとしたぎごちない話し方は、ほかの人たちにとっては、彼が以前は口話者で、自分たちもそうした口話者でなくてよかったと感じさせる、心地よいシンボルであり続けている。

コリンズのような人たちの話はよくある話である。彼らは、聴者の世界から逃れてきた者であり、自分で道を決める年齢に達したときに、大人としてろう者の世界に入ってきて、手話を学ぶことにした口話者なのである。著者のひとりキャロルは、子どものとき地元のろうボウリング・リーグに参加した夜のことを覚えている。ひとりの友人が向こうのレーンにいる女性を指さした。あの女性の父親は口話教育のリーダーで有名なのよ、とその友人は言った。けれど彼女は、ここでは常連のように私たちと交わったり手話で話したりするの。彼女は父親に反抗してろうの男性と結婚したのよ！　この反逆は、ソビエトの傑出した政党幹部の娘の反逆と同じくらい大変なことである。私たちの世界の味を知ったら最後、古いものは捨てたくなるわけよ、とキャロルの友人は言ってのけた。

おとぎ話では、「口話」は救いを求めている者を表す強力なシンボルとなっている。パーティである男性が、貧しい「口話者」の少女が登場するシンデレラの話をもじった話をしてくれた。この物語はその単純な構成により、「口話者」とろう者の観念上の差異を強調している。ろうのシンデレラは魔法使いのおばあさんから、手話が自由に優雅に使えるようにと一対のガラスの手袋を受け取った。おばあさんの魔法の杖で、彼女のぼろぼろの服は消え、気がつくとろうの芸術家がつくった宝石を身につけているのだった。彼女はろうクラブに行き、クラブの会長の息子と恋に落ちる。彼女はガラスの手袋で、クラブの「プリンス」をとりこにする。真夜中になって、元のお話の通りに、彼女はガラスの手袋を片方落として立ち去る。この話の結末は予想通りで、「プリンス」は夢にまで見た少女を見つけ出し、彼女は彼の「プリンセス」となり、魔法の手袋は長年「口話者」だった彼女を変え、ネイティヴ同然に賞賛されるほど難しい手話ができるようにしてくれたのである。

ごく最近、ろう者がほかのろう者を非難する言葉に「頭が聴者　THINK-HEARING」というのがあり、それでコミュニティの年配者の一部はめんくらっている。その文字通りの意味は「聴者《アザーズ》のように考え、行動する」であるが、さらに正確に訳せば、「聴者のイデオロギーを無批判に受け入れる」という意味になる。この言葉がもつ意味の範囲は「口話者」と同じなのだが、ろう者（「口

図３・１

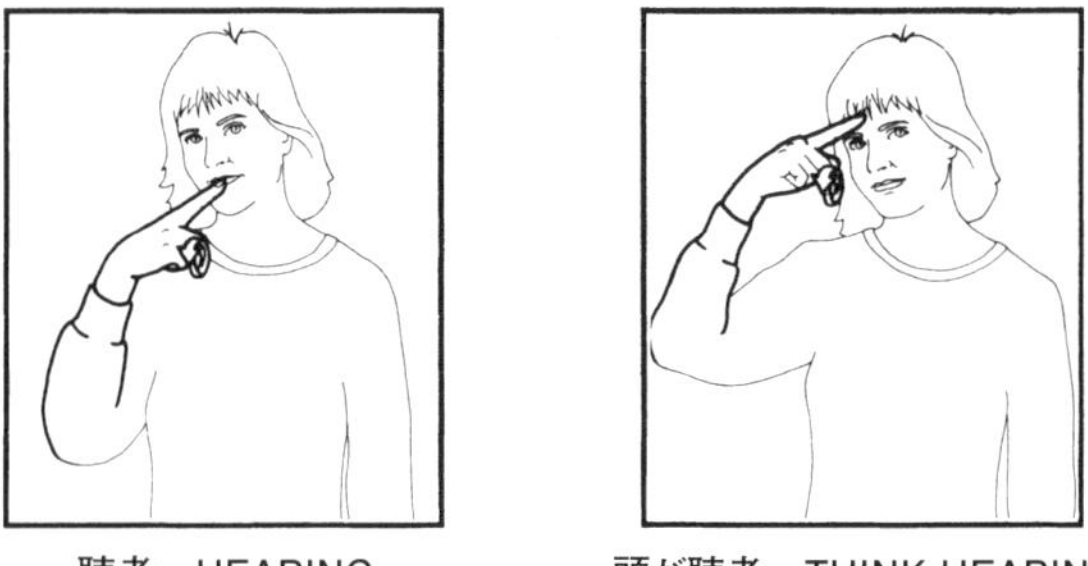

聴者　HEARING　　頭が聴者　THINK-HEARING

話者」でないろう者、つまり口話の訓練を受けていないろう者も含む）を非難する場合にも使うことができる。

「頭が聴者」という言葉は、現代の世代がもつ手話の構造に対する深い知識を示している（このことは第5章で述べる）。「話す」「口を動かす」という意味でもある「口話ORAL」という手話のように、ひとつの既存の手話を調整するのとは対照的に、「頭が聴者」は、「考える」と「聴者」、この二つの手話の要素を取り入れて結合させてつくられた新しい手話である（図3・1参照）。「頭が聴者」は、「口話者」というだけでなく、ASL反対を唱える、また、手話者はろう児に英語を教えるために開発された、つくり出された手話の語彙を使うべきだと主張するなど、容認できないようなやり方をする者をも指す。ろう者のコミュニティの年配者たちは、「口話」と「手話」、または手話を使わない、使うの区別だけで満足しており、使う手話の種類に基づいた批判には抵抗感をもっている。「頭が聴者」は、それ自体の中に手話の分析が含まれていて、それにより、現代における中心の再編を強調するものである。

私たちがこれまで述べてきたように、カテゴリーとレッテル貼りがどのような働きをしているのかを理解するには、異なる中心からはじめなければならない。ろう者はろうであること、聴者であることについて、聴者とは違う仮定をしている。聞こえない、または難聴であることを、文化的意味のカテゴリーという文脈における位置づけを離れて説明することはできない。互いに相手につけた名称は、関係を定義するレッテルである。ろう者が規定してきた関係には、聴者など彼らより力のある人たちとのろう者の闘いも含まれている。

「ろう者だが実際は難聴」である人は、それぞれのグループとの自分の関係性をうまく操作する。ろう者は「障害者」という政治的に有利なレッテルを利用するが、それを仲間うちでは弁解しなければならない。ジェイコブズは、「先天性ろう」と「後天性ろう」という科学的と思われる区分を借用し、さらにろう者の認識とより一致するような方法でそれらの関連性を再調整するなどの修正を加えている。このような調整はすべて、いかに中心が順応しやすく、同時に確固たるものかを示している。

第4章 聴者の世界で生きる

たいていのろう者は、常に聴者《アザーズ》〔他の人たち〕の世界の中で生活してきた。だから、自分や自分たちの言語についての彼らの考えが聴者の常識によって相当影響を受けているとしても当然だろう。一例を挙げれば、ド・レペ神父が手話を発明したという話は、ろう者が信じていることと聴者が信じていることとの折衷物である。ろう者のコミュニティがつくり出した世界では、ド・レペの比喩的《メタフォリカル》な役割は、ド・レペがもっているとされた不思議な力によって具体化されている。

第2章で引用したジョージ・ヴェディッツの講演をもっと深く分析してみると、不当といえるまでの力を聴者に認めてきた例がここにもあるのに気づく。ヴェディッツは手話が世代を超えて伝えられていく仕方を次のように説明している。

ずっと昔からこれまで、手話の達人、ピート家、ダッドレイ家、エリス家、そしてバラード家の人たちがいたが、みな滅んでしまった。大切な人たちだった。手話をじつに正確に操っていたし、手話だけで私たちに話しかけてくれたし、私たちも彼らの言うことが理解できた。彼らは今はもういないけれども、運がよいことに今日でも手話の達人が何人かいる。エドワード・マイナー・ギャローデットは父親のトーマス・ホプキンス・ギャローデットから私たちと同じ手話を習った。ジョン・B・ホッチキス博士、エドワード・アレン・フェイ博士、ロバート・P・マグレガーさんのような今も存命の方々がいる。こうした方々が手話を今も使い、未来の世代に受け継ぐように、私たちも手話を守っていきたい……。この言語を伝えていく手段はただひとつしかない。それは映画フィルムによる方法である[*1]（Veditz 1913）。

　ヴェディッツは手話を伝えていく責務をここで挙げたような聴者たちにも認めている。もっと言えば、彼はエドワード・マイナー・ギャローデットが聴者なのに手話ができたことについて、エドワードのろうの母親の名を挙げることをせず、あろうことか聴者の父親から手話を学んだとまで言っている。母親のソフィア・ファウラー・ギャローデットには、通りの向こうに住んでいるろうの姉とろうのいとこがいた（Gannon 1981; Lane 1984）。だからこの母親が幼いときに手話の環境にさらされていた可能性は高く、エドワードは母親という手話の熟達したモデルとともにあったことになる。彼女は、二九歳のときにローラン・クレールに出会うまでは手話について何も知らなかった父親よりは、おそらくよいモデルであったろう。

ヴェディッツは当時の考え方の常として、手話は音声言語から生じたものであり、ド・レペのような個人によって発明されたものであると信じていた。ヴェディッツがド・レペやギャローデットに何度も言及していることから、ヴェディッツが著名な聴者たちと手話を結びつけることで手話に格式が備わり、手話を重んじてもらえると考えていたことがわ

エドワード・マイナー・ギャローデット

トーマス・ホプキンス・ギャローデット

＊1　キャロル・パッデンによるASLからの翻訳。

かる。こうした尊敬を受けている人が手話について請け負ってくれるなら、手話は聴者が考えているように粗野な、あるいは下等なものとはならないだろうと考えたのである。また彼は、言語は、普通の能力をもった人ではなく、まず知識人によって伝えられていくものだとも考えていたようである。フィルム上に手話の純粋さを保存しておきたいという彼の差し迫った訴えからは、ヴェディッツが手話の存続にはギャローデット自身からの直接的な継承が必須と考えていたことがわかる。

ヴェディッツの手話観の深いところには、聴者によって普通に信じられていることが存在する。ここで私たちは、ろう者が自分たちに関する理解を独自に発展させる際に生まれる問題に再びたどりつく。ろう者が聴者の世界で生きているならば、ろう者についての科学は彼らの科学なのだろうか、それとも聴者によってろう者に与えられた科学なのだろうか。

手話をどう表現するかという問題は目新しいものではない。二〇世紀のもっとも優れた言語学者のひとりであるエドワード・サピアは、その著書『言語（*Language*）』（一九二一）で、彼の時代の標準的な見方を明確にして、「ろうあ者集団」の手話は「沈黙の誓いを守り通す終身トラピスト修道士」の身振りや「北アメリカ平原インディアンの身振り言語」

と同じ分類になると記述した（Sapia 1921: 21）。のちにサピアの教え子で、二〇世紀のほとんどの期間にわたって言語研究の分野で影響力をもったレオナード・ブルームフィールドが、同じような考え方をしていた。「これらの身振り言語はたんに普通の身振りが発達したのであって、複雑な、あるいは見てすぐには理解できない身振りは、どんなものであれすべて、便利な話し言葉を基盤にしている」（1933: 39）。

こうした表現では、修道士やインディアンの身振りと手話との二つの異なる点を見逃している。第一に、手話は第一言語として獲得されるが、ほかのものはその集団の音声言語を補完するものとしてだけ用いられる。第二に、手話はそれを用いる集団にとっては社会的な相互作用の際の第一義的な言語モードだということである。トラピスト修道会の修道士は、当然のことだが、沈黙の誓願を立てる前に話すことを学んでいる。つまり修道士たちの身振りシステムは第一言語ではなく、非日常的な状況のための手段として出てきた体系なのである。原資料の記述は混乱しているが、平原インディアンの身振り体系は、部族の内部では社会的談話のモードとしては用いられていない、むしろ自分たちとは異なる言語を話すほかの部族とのコミュニケーションの手段なのだということが、利用可能な記録を再読することではっきりする（Mallery 1972; Perlmutter 1986）。

サピアとブルームフィールドは、手話が音声言語に似た構造を有しているかを見るために詳細な調査をすることはなかった。もし彼らが現世代の多くの研究者がするようにそれを試みていたならば、構造のカテゴリーで注目すべき類似性を発見していただろう（Perlmutter 1986）。

サピアとブルームフィールドはあえて手話の記述に深入りしなかったが、彼らの権威は公的な考え方のトーンをつくるには十分だった。アメリカのろうの子どもたちをどのように教育すべきかを決定する際に影響力をもった次の世代にとっては、ヘルマー・マイクルバストの『ろうの心理学（*Psychology of Deafness*）』（一九五七）が基本とされた。音声が人間の言語の基本であり、それ以外の形態はどれもそこから副次的に派生したものであるとされた。

> ろう者によって用いられている手指を用いた手話は表意文字であり……絵以上のものであるが、象徴性をより欠いている……表意的な言語体系は、言語的な象徴体系と比べて、正確さ、精妙さ、融通性に欠けている。表意的な言語を通じてでは、人間はその最大の能力を発揮することはできない可能性がある……手指を用いた手話は、音声の言葉と比べて言語としては劣ったものであるに相違ない（Myklebust 1957: 241–242）。

これが手話を用いているろう者について何を意味するかは明らかである――その選択のせいでろう者は人間以下のものになっており、人間としての最大限の能力を達成できないでいる、と。こうした思い込みは、手話の分析には基づいておらず、それどころか科学的な重みをもつふりをした漠然とした証拠に基づいたものでしかなかった。マイクルバストは、手話に対する皮相的な批評をこのように軽蔑的なトーンで述べたにもかかわらず、そのことで品位を落とすことも、疑問をもって再調査されることもなく、このトーンが標準になってしまったのである。

バイロン・B・バーンズ

では、手話についての聴者の意見をものともせず、ろう者自身が自分たちの言語について発達させてきた理論はどのようなものだったのだろうか。そうした証拠のひとつは『サイレント・ワーカー（*Silent Worker*）』誌の過去の号、言うなればろう者がしばしば言語も含むさまざまな話題について意見を交換し合っていた話し合いの場に見ることができる。『サイレント・ワーカー』誌は約二〇年を経て一九四八年に再刊されるや、ただちにろうコミュニティでもっとも広く読まれる雑誌となった。そのころ、全米ろう協会の会長であったバイロン・B・バーンズの戦略の一部として、同雑誌は、自分たちをよく働き、法律を順守する市民として表現することで、ろう者のイメージの向上を企てていた（外向けのイメージを重視するという同じ目的のために、のちに全米ろう協会はこの雑誌を『デフ・アメリカン〈*Deaf American*〉』と改名することになったが、それは旧称がアメリカ共産党の公的機関誌『デイリー・ワーカー〈*Daily Worker*〉』に似ていたからである）。

一九五〇年二月号の社説は、ヴェディッツの講演のニュアンスを残していたという点で興味深い。編集者たちは子どものころ、ヴェディッツを知っていて、ヴェディッツの多くの演説が編集者たちの記憶に残っていたのである。社説のテーマは、手話の存続が脅かされているというヴェディッツの訴えを取り上げた。

手話を教養ある人々の会話の手段だと考えられる標準に維持するべく、ろう者が何かをしなければ、手話は失われた芸術になる危険に瀕している……今日の状況は標準的な使用法とはほど遠く、即興の手話や「スラング」手話が好まれているありさまだ。もしこうした状況が続くのなら、手話がもはや普遍的なものではなく、ある州のろう者は別の州のろう者と自由に会話ができなくなるような時代が来てしまうことになりかねない（Burnes 1950）。

この社説では、「手話」についての好奇心をそそる記述が続く。「手話には文法がない。ある手話が正しくて、別の手話が間違っているということを決定する標準的な権威が存在しないのであるが、習慣のおかげで私たちはかなりの標準を手にしているし、使用法の正誤がわかるのである」。

社説の筆者は、自分の言語がいかなる内的体系も構造も欠いていると見なすそれまでの長い伝統に賛成している。実際、それは特別な名前をもたず、たんに「手話（sign language）」と呼ばれてきたのである。

私たちは異なる世代のろう者として、自然言語である手話は世代から世代へと使用者によって受け継がれてきたゆえに、プリミティブでなく複雑な体系であることを知っている。何世代もの子どもたちがこの言語を学び、それによって手話に構造と体系とが植えつけられてきたという事実は、研究者たちが手話をほかの自然言語と同じグループに分類し、副次的な体系と区別する論拠の一種となっている。

では『サイレント・ワーカー』誌の編集者たちは、なぜ自分たちの言語をマイクルバストが使ったのとほとんど同じような軽蔑的な言葉で表現したのだろうか？　私たちはヴェディッツの犯した間違いに直面したときと同じ答えをここでも用意できる。当時、現代の言語学者が用いる言葉で手話に言及するのは、考えられないようなことだったのである。

今日の言語学者のように、手話には動詞の一致があるとか、さまざまな組み合わせができる豊かな言語であるとか、節には独立節と従属節があるとかいったようなことを思いついた人は、一九五〇年の聴者でひとかどの言語学者にはひとりもいなかったのである。当時発行された手話の本は、「食べ物」「感情」などの大まかなグループに分類された手話のリストでしかなかった。手話をいかに使うかの「情報」を除けば、いかなる言語の規則も書かれていなかった。英語との単純な対応、あるいは学習者が簡単に識別できるひとまとまりの一般的な論理原則以上の規則は手話には存在しないと信じられていたからである。

しかし、『サイレント・ワーカー』誌の社説をよく見てみると、「手話」についての興味深い記述の仕方があるのがわかる。最初に驚かされるのは、この言語を「芸術」と言っていることである。ヴェディッツは手話をすることは「美しい」「すばらしい」「優雅な」とくりかえし言っているが、こうした表現も「芸術」という考え方と一致する。こうした言語の見方は、『サイレント・ニューズ』紙——今日もなおニューヨーク市で出ている人気のあるろう月刊新聞——に掲載されたパトリシア・スモーレンの詩*2（一九八二）に生きている。

変わりゆく手話

手話よ　あなたはこんなにも深く私の中にしみこんでいる
昔むかしから　ろう者が使い何年ものあいだ変わらずにきた
だのに新しい種族は手話のかたちを変え
私たちの求めるものなどわかっていない聴者は手話を駆り立てる。
「進歩のために」と高らかに宣言され
古い手話は変わっていき、残る手話はわずかだけ。

わが黄金の世代のものたちよ　誰をもはばかることなく非難せよ
奇妙な手の動き　でも私たちはそれを学びそして試みるのだ

＊2　訳註　これは筆者の誤りで、本書が出た当時、同紙は同じニューヨーク州であるが、ニューヨーク市ではなく、創刊以来の場所であるロチェスター市で発刊されていた。その後、そこから拠点をニューヨーク市の隣にあるニュージャージー市に移して発刊されていたが、二〇〇三年に突如、廃刊となった。一部のスタッフがその後、『Sign News』という新しい新聞をCommunication Services for the Deaf（ＣＳＤ）から発行しはじめたが、同紙も二〇一一年の号を最後に刊行されなくなっている。

手話よ　かつてあれほどまでにすばらしかった姿は
私たちを惑わすような言語に変わってしまった。

ここでも「すばらしい」という形容詞が、不断に外部からの影響で脅かされているひとつの言語を表すために用いられている。本章の最初で引用したヴェディッツの議論でも、理想的な手話の使い手は「達人《マスター》」、つまり手話を「正確に操る」ゆえにあがめられ、愛される芸術家なのである。つまり、よい手話を使うということは、美しい絵を描くことであり、美しい彫刻を彫ることなのである。どのようにして部分がまとまるかには、ある秩序がある。正確な手話を用いると、美学的に悦ばしいし、満足できるのである。対照的に、悪い手話は神経に障り、不愉快になる。『サイレント・ワーカー』誌の社説は、次のような苦言を呈している。

今日、手話がかなりぞんざいに使われているように思われる。古き時代の手話の達人たちは、明快でわかりやすく、見て気もちのよい注意深く選ばれた話し方のスタイルをもっていた。今では非常に多くのろう者が指文字をいいかげんにやり、その手話を詰め込む傾向があり、それらを理解するためには、視覚と脳の動きとを緊張させせなくてはならない（Burnes 1950）。

ろう者を取り巻く大きな社会では、言語のような秩序ある体系について言及するときに使われる典型的な方法は、規則と文法の体系を組み合わせることである。しかしヴェディッツや『サイレント・ワーカー』誌の編集者たちは、自分たちの言語を別の美意識――規則でなく、芸術――の観点から言及した。手話の達人たちが「明快で」「見て気ものよい」「注意深く選ばれた話し方のスタイル」を完成させた。手話の生徒は画学生のように、達人《マスター》とともに学べば、成功するだろう。規則を固守しない手話（あるいは今日、私たちが言うところの非文法的な手話）は、「視覚と脳の動きとを緊張させ」るのだ。編集者たちは手話の劣化について、それらがいかに見る者を「緊張させる」かにおきかえて、手話言語の文法性の概念を使わずに表現したのである。

これとはまた別の例が、『サイレント・ワーカー』誌に見られる。コラムニストの手話に対する強い姿勢を褒めた読者の投稿に、同誌が回答したのである。読者の関心はアメリカ国歌の手話表現が定まっていない問題にあった。コラムニスト、エマーソン・ロメロはこう答えている。「手話を乱暴に使う人のあいだでは、理解されるのであればどんな手話を使おうとたいした違いはないという感じがあるようだ。英語の文法に正しいかたちがあ

エマーソン・ロメロ

るように、正しい手話があり、また正しい伝え方があるという事実が人々は見えなくなりつつある」(Romero 1950)。

これらの書き手たちは「正しい伝え方」とか「明快で」「注意深く選ばれた話し方」という言い方で何を意味したのだろうか。これらの語句は規則の感覚以外に、何を意味するというのだろうか。「手話を正確に操る」とは文法を正しく使う能力以外に何を指すというのか。手話は話し言葉に基づき、音声言語の規則から生じていると一般に信じられていたが、それとは反対に『サイレント・ワーカー』誌の編集者たちとヴェディッツは、音声言語をたぶん知っている人たちも含め、手話を知らない人たちが、受け入れることのできない手話の文――現代の用語で言えば、非文法的な文――をつくり出し続けていると不満を述べている。

語彙のこうした複雑さを示すもうひとつの例を、私たちは、インタビュー・フィルムの中に見つけた。『チャールズ・クラウエル――あるろうのフィルム製作者の肖像（Charles Krauel: Portrait of a Deaf Filmmaker）』（一九八六）である。クラウエルは一九二五年にろう者のさまざまな活動を撮影した家庭用ムービーをつくりはじめ、何年ものあいだ、フィルムを撮り続けた。一九二五年という初期にまでさかのぼることのできるクラウエルのフィルムは、ろう者の生活の記録としてはもっともよく残されたもののひとつである。

クラウエルは九二歳のときにインタビューを受けているが、彼が撮った世界について、また異なった世代の人々の中での今日の生活について、質問された。クラウエルは、服、帽子、そして手話さえ違っていた（と遺憾のコメントとともに付け加えた）、古い時代について思い出を語った。

今では、手話は違うものになっている。あのころの手話は今よりよかった。そう、自然だった。でも今は、どれを見てもＩＳ《イズ》型の手話[*3]になってしまった、そう、言語を学ぶ必要のある子どもたちにとってはよいかもしれないが。ああいった手話は、よい言語ではある。私の手話はそうじゃあない。私のは「近道」みたいなもんだし、もっと略語が多い。でも時間の節約になる。速く話すこのやり方はずっと明確だ。今じゃ、ＩＳ型やあれこれの手話でやるから、文が長く引き伸ばされて永遠の時間が必要じゃないかい。時間の無駄だよ、わかるかね[*4]。

クラウエルは自分の言語を、最近開発された、視覚的な本質的英語（Seeing Essential English, SEE 1）、正確な英語の手話（Signing Exact English, SEE 2）（どちらもＳＥＥという頭文字で通用）や、手指英語（Signed English）とさまざまに呼ばれる教育的ツールと比べているのだ。まとめて「手指英語システム」と呼ばれるこれらは、英語をろうの子どもたちに教える目的で教育者たちの委員会によってつくられたものである。これらのシステムでは、単一の手話の翻訳がない英単語のために新しい手話がつくり出される。たとえば、動詞 to be の三人称単数現在形のようなケースがそれである（先にクラウエルが「ＩＳ型の手話」と言ったのはこのためである）。古い手話も、英語とＡＳＬの対応関係をもっと強めるためにつくりかえられている。ＡＳＬの普通の語順は英語の文章の順序を反映するように再組織化される（Gustason and Woodward 1973）。以前に指摘した例を用いると、I-GIVE-HIM BOOK MANという連なりは、ＡＳＬでは非文法的だが、英語の文章であるI gave a book to a man. を反映させるために、創案されたシステムではこの語順を用い、「失われている英語の要素」を示すために創案された手話を付け加える。こうした試みは、善意からなされているものであるとはいえ、手話は本質的に「不完全な」システムであり、教育上の目的のためには変更を受けるべきであるという誤った信念の上に立ったものである。それらは、単語などは手話のより大きな文法体系の分かちがたい部分であるという事実を無視している。

こういった冒瀆がおそらく、クラウエルに「文が長く引き伸ばされて手話でやるには、永遠の時間が必要」と文句を言わせたのだろう。クラウエルは自分の手話のことを「時間の節約になる」「自然な」「速く話すやり方」と直感的にわかっているけれども、「よい」手話ではないと説明している。手指英語はこれとは対照的に、「言語」を教えるから、ろうの子どもたちにはよいとしている。

＊3　ここでは「ＩＳ型の手話」という言い方でＳＥＥなどの手指英語のことを指している。
＊4　キャロル・パッデンによるＡＳＬからの翻訳。

クラウエルは英語とASLの区別について広く用いられている伝統にのっとって、（英語に対しては）「言語　LANGUAGE」、（ASLに対しては）「手話　SIGN」という手話を使っている。このようにクラウエルの用語は、公式見解のそれと一致したものとなっている。一九六七年に保健教育福祉省が「ろう者の生活問題――予防と処置」という回覧文書を発行したのだが、これは広く出まわった。この文書の筆者であるメアリー・スウィッツァーとボイス・ウイリアムズによると、「ろう者の多くは……言語技術が非常に限られている。ろう者は情報を主として目から得ている。ろう者は、自分たちと聴者の手話の達人とのあいだでは大多数が手話を使うことを好んでいるが、実際には、手話、ジェスチャー、話声、筆談の組み合わせによって情報を伝えている」（一九六七）。こうした言い方は、ろう者はいかなる言語も学べないと言っているかのようである。これは不正確な考えであるが、つい最近まで生き残っていたものである。

クラウエルには、自分の手話についてさらに伝えたいことがあった。手指英語と自分で使っているものとの違いについて言いたいことを説明しようとするとき、クラウエルはためらい、そしてすまなそうな様子である。手話は「自然だ」と彼は言うが、それは手指英語はそうではないという意味になる。クラウエルは、インタビュアーに自分の言っていることの意味を理解してもらおうとするかのように一息つく。彼はなんと言おうとしているのだろう?

クラウエルは「自然だ」という表現で、奇妙でも珍しくもない、予想可能な内容というものを意味していると私たちは考える。人間の言語は自然なものである。その整然としたさまは、「視覚と脳の動きとを緊張させ」るものではない。創案された手話システムのような人工言語には、こういった性質はない。それらには、数世代にわたる子どもたちが大人たちから学びながら——そしてこの大人たちもまた子ども時代にこの言語を獲得しているのだ——つくり出した規則体系がもつ力が欠けている。

クラウエルが自分の手話に対して「略語が多い」とか「近道」になっていると直感的に言っているのは、それが完全ではないと彼が信じていることを示しているが、同時に彼の手話が委員会によって創案された手指英語のような骨の折れるシステムとは対照的な効率的なシステムであるという考え方も表している。

ヴェディッツやほかの人たちの場合と同様、クラウエルの話にも、手話についての二つの矛盾した語り方が見受けられる。クラウエルは自分の手話は子どもたちにとってはよくないと言っているが、自然で効率的であるとも言っているのだ。手話は音声言語と結びついた性質は有していないが、音声言語が果たしているのと同じ種類のことをなすのである。

この矛盾した言い方は、二つの非常に力のある真実――手話は多数者社会から拒絶されているが、それはろう者がいかに生きるか、またろう者が自分たちの生活をどう理解するかの核心である――をうまく調和させようとして生じている。ろう者はこの二つの真実を抱えて生きなければならないので、公的な語彙を用いて公的な真実を認める一方で、これと相対する真実、つまり別の方向を向いている彼ら自身の知識のための特別な語彙も大事にしているのである。

『クラブルームでの話（Tales from a Clubroom）』（Bragg and Bergman 1981）という劇の中で、私たちはこういった知識の拮抗する状況がろう者の社会で展開するさまを見ることができる。一九八〇年の全米ろう協会の創立百周年の祝賀会での初演以来、この劇はろう者の日常世界をかいま見ることができるものとしてなじみの作品となっている。この劇の魅力の多くは、現実以上にリアルな登場人物たちにあるが、それは地域のろうクラブで多くの時間を費やしている人なら誰にとってもなじみのタイプの人物である。エイブ・グリーンは典型的な素朴で頑固なクラブの会長だし、ウィル・グラディはクラブの道化役で映写機の操作技手でもある。劇はクラブで字幕つき映画の上映が始まる最初からそのクライマックス、つまりクラブの会計係がクラブの資金を使い込んだのがばれるまで、観客は登場人物たちがその役をどう演じるのかをほぼ予想できるのである。
劇のプロット〔筋〕よりも、俳優たちがろうコミュニティ内部の緊張感を体現し、増大させる仕方が劇のメインである。たとえば、マーク・リンゼイとティム・シャレックという役の位置づけとスタイルは、手話についていかに語るかという問題を、この社会が通常どのように扱うのかを描き出している。

マーク・リンゼイが登場して、「英語のような《イングリッシー》、つまり英語の統語法」で手話をはじめるときには、観客はやがて起こるであろう闘いを期待して、固唾を呑んで舞台を見つめる。リンゼイはギャローデット大学というろう学生のための大学の卒業生で、クラウエルの言う「ＩＳ型やあれこれの手話」を使う、スモーレンが「新しい種族」と呼ぶひとりなのである。劇中のあるシーンで、リンゼイはウィル・グラディから、学歴やその手話の種類からわかるリンゼイの社会的階級が理由で、クラブのメンバーとひと悶着起こすことになるだろうと警告を受けている。

グラディ　おい、ちょっと変な手話を使っているな。
リンゼイ　変？　どういう意味だい？
グラディ　今、指文字使ったろ？「オペレイト、オペレイト」って。俺はそんな言葉、指文字でどうやるのかなんて知らないんだよ。それにお前、難しい手話使うじゃないか……俺たちは、俺たちに似合いの手話しか使わんのさ。俺はお前さんよりは年くってるから、ちょいと忠告してあげようじゃないか。友達が欲しくてここに来たんだろ？　違うかい？（リンゼイ、うなずく）もしここで受け入れてもらいたきゃ、頭のよさそうな真似はしないことだ。でなきゃ、友達はつくれんぜ。

ティム・シャレックはリンゼイとはまったく違うタイプの役だ。「限られた教育しか受けていない筋骨たくましいバーテンダーで、単純で絵のように美しいタイプの手話（ASL）しか使わない」。二人の男性が描写される仕方には象徴的な対比があるのがわかる。リンゼイの手話は「難しい」が、シャレックの手話は「単純で絵のように美しい」。リンゼイは大卒だし、「教養のある」タイプのひとり。シャレックは限られた教育しか受けていないバーテンダー。この二人の登場人物は会ったとたんに、互いに相手をうさんくさく思うのだが、のちにある女性をめぐって争い、その対比が象徴的に表れる。二人はコミュニティでは非常にリアルな緊張を演じているので、観客は彼らの緊張が高まるのを見るのを期待する。

リンゼイとやりとりするほかの登場人物を見るとき、彼らがリンゼイには距離をおいて、彼をあまり真剣に扱っていないのがわかる。グラディやほかの人たちは、リンゼイが「難しい」手話を使うことやクラブでリンゼイが繰り返す「教養のなさ」への不満といったことに憤慨する。私たちはこうした反応を、手話は劣っている、直さなくてはいけないというリンゼイの信念に対して、クラブのメンバーが共有する反感として理解するのだ。

しかしリンゼイの言うこともまったく影響を及ぼさないわけではない。リンゼイを遠ざけておきながら、ほかのメンバーも、ときにはリンゼイのやり方を真似するのである。たとえばクラブの会長の妻であるグリーン夫人は、人前で知らせるときに手指英語を使ったりする。しかし、グリーン夫人は、この失敗について次のように謝っている「私の手話を大目に見てちょうだいね。学校に通っているうちの子どもたちが、私の手話に影響を及ぼしているの。私はSEEを使っているのよ」。

しかし、リンゼイの勝手気ままさは消え、緊張は衝突へと移行する。シャレックとリンゼイの次のようなやりとりを見てほしい。ここで、リンゼイはシャレックその人をその手話と結びつけて、劣っていると言っているのである。

リンゼイ　（シャレックに向かって指文字で）トム・コリンズ！

シャレック　（首を振って、リンゼイの言うことがわからないということを示す。ヤクブスキがシャレックに絵のような手話をする。シャレックは、にやっと笑いながら、首を振って、棚にある二つのボトルを指さす）ないね。一番？　二番？　どっちだい？

リンゼイ　（ヤクブスキに向かって）このバーテンダーはどうしたんだ。指文字がわからないのかね。

ヤクブスキ　（リンゼイに向かって）しーっ、大きな声で言うんじゃないよ。

シャレック　（怒ったようにリンゼイに向かいながら、乱暴にリンゼイの肩を叩いて）お前は俺が馬鹿だと思ってるんだろ？　俺には家もある、妻もいりゃあ、子どもも車もあるんだ。お前はどうだんだ？

シャレックはこのカクテルの英語の名前を理解せず、このためヤクブスキが「絵手話」でもって翻訳をしている。この名前は、マイクルバストの教科書にある言葉から直接借りてきたものらしいが、この場面では手話の語彙がより具体的で、それほど洗練されていない、つまり手指英語よりも劣ったものだということを示唆するものとして使われているようである。ここで言いたいことは明らかである。シャレックは教養が低いから絵手話が必要なのだということである。
しかしシャレックは、クラブの理事会のメンバーであり、ほかのメンバーの敬意を集めている。シャレックとリンゼイのお目当ての女性はシャレックのほうを好いているし、最後の土壇場でシャレックは勝つ。

リンゼイ　（シャレックに向かって）……やあ、ちょっとニュースがあるんだがな。彼女はコック・ティーズ〔誘惑はするけど、最後は許さない女性〕だぜ。
シャレック　いい加減にしろ。レディに失礼だ。
リンゼイ　（グリーンに向かって）このゴリラ野郎をどっかにやってください！　なんとかしてください。
グリーン　（リンゼイに向かって）女性のクラブ・メンバーによそ者が無礼を働くのは許しがたいね。出ていけ！　……お前には、いばりちらしたり、女性を侮辱する権利などない。
リンゼイ　これは俺とあの女性との問題です。あなたには関係ないと思いますがね。
グリーン　いや、私たちにも関わりがあるな。私たちはお互いに気を配っているんでね。君は大学の学位をもっている。ごたいそうさまだね。でも君は私たちとそう変わりない。私たちには裏表なんかない……ハートがあるんでね。君には、裏っかわに刃物と気取った言葉があるようだな。

シャレック　（リンゼイに向かって）お前はあの女性に頭を下げることができるんかね？

グリーン　（リンゼイに向かって）謝るか、さもなければ出て行け！

リンゼイ　それしか俺に選択させないってわけか……。どいつが馬鹿だかわかったようだな。

シャレック　（脅かすように）誰が馬鹿だって？

クラブのメンバーは、リンゼイを拒絶する一方でリンゼイの影響をいくぶん受けることを許したように、彼らはシャレックを擁護するが、シャレックには限界があるとも考える。観客は、二人がコミュニティの内部で重要な存在であるから、二人の緊張関係について理解する。手話は尊重すべきであるが、それは聴者《アザーズ》が言っているようなものであるかもしれない、つまり人間の言語よりも劣ったものかもしれない、さらに悪いことにはそれを使う人もまた劣っているものかもしれない、という疑惑からクラブのメンバーは逃れられないように見える。シャレックは結局、バーテンダーにすぎない。

この章で引用したどの例も、ある問題を具体的に示している。つまり聴者《アザーズ》の「科学」である。これは話すことを賞賛する「科学」であり、それはあまりに広まっているために、これとは異なる知識、つまり手話についてのろう者の知識を効果的に圧倒している。わかりやすい例では、ジョシュア・デイヴィスの物語（第2章）であるが、ろう者が自分の言語を「命を救う」ものというときには、ろう者のそうした考えは「個人的」とか「物語風」なものと見なされるのである。ヴェディッツが手話を無視するような人々について警告を発するときには、彼の訴えは「政治的」だとされる。『サイレント・ワーカー』誌の編集者たちが聴者は言語を正しくは使わない（聴者は手話の規則を習うことはないという論理的な理由で）と見るときには、そうした訴えは文法よりはむしろ「スタイル」についての不満として退けられてしまうのである。

聴者は、ろう者は手話に関して保守的で夢想を抱いていると信じているが、それはろう者たちが手話に「依存」しているからだと考えている。ろう者は話し言葉を使う能力を欠いているから、自分たちに「合った手段」に過度に感情的になるのだとされている。それとは対照的に、聴者はどのような意味においても——どんなに斜に構えた見方をしたとしても——自分たちが話し言葉に「依存」しているとは思っていないのは確かである。
本章で紹介したテキストに込められているのは、手話がどのように働くのかを理解することがいかに複雑かということである。ろう者の書いたものは、厳密に言って科学的でない自己分析——それは漠然とした印象で、全体的で、内省的な分析でない——を明らかにするが、聴者によって提示された理論の多くをろう者が調整するのは、聴者の理論を正しくない、バランスがとれていない、そしてときにはもっとも重要な考え方について間違っているとろう者が考えていることを示す。ろう者が自身の理論も別に維持しながら、聴者の理論とともに生きていることは、ろう者の文化の力強い可能性の証なのである。

第5章　手話への新しい理解

デイヴィッドは、ろうコミュニティの古いメンバーであるが、幼児期の言語経験のアンケートのことで私たちに不満を漏らした。質問には答えられないと彼は言った。ある質問は、ろうの両親と家でどんな言語を使っていたかと尋ねるものであった。そこには次のような選択肢があった。話し言葉、ＡＳＬ（アメリカ手話）、またはそれ以外の手話、である。しかし、このどれも正しくないと彼は言う。私たちは不意をうたれたような気もちになった。なぜＡＳＬが正しい答えにならないのだろう？　彼の両親はろうで、彼は生まれたときからＡＳＬを使っていたはずなのだ。「けど、俺らはそのときは『ＡＳＬ』なんて呼んでいなかった。なんとも呼んでなくて、ただ、それをやっていただけさ。この中のどの名も使っていなかったのに、この中のどれかで呼べなんて言われてもな」。

デイヴィッドが子どものころ、家族が互いのコミュニケーションのために使っていたものに特別な名前などなかったのである。手話という動作は、「手話　sign language」とか、「手ことば　manual language」と呼ばれていた――第4章に引用した『サイレント・

ワーカー』誌の社説でも同様だ。しかし今日では、異なる種類の手話を指すいくつかの名前がある。アメリカ合衆国で使われた自然な手話言語は「アメリカ手話　American Sign Language, ＡＳＬ」と呼ばれている。英語の影響を受けた手話のほうは「手話英語　Sign English」という別の名前をもっている。さまざまな手指英語の体系があって、「正確な英語の手話（Signing Exact English）」すなわちＳＥＥのような、教育的説得力のある名前をもつものもある。

成人したデイヴィッドは、この新しい用語法を知っており、自分やほかの人の手話について話すとき、それで呼ぶこともできたはずだ。おそらくこのアンケートで彼を困らせたのは、これらの名前が、彼が自分の答えの中でよく考えなければならないいくつかの物語を内包するということだった。

デイヴィッドは自分が家庭で使っていた言語を――彼が選択するのを私たちが期待したように――ＡＳＬと呼んだとしたら、貧相な言語的素性をもつとして、ＡＳＬは英語より劣っていると信じている人たちから非難されたような気もちになると感じたのかもしれない。デイヴィッドは英語ができるようになったろう者として、そうしたほのめかしを侮辱と感じた。デイヴィッドはティム・シャレックでも素朴なバーテンダーでもなく、彼のコミュニティの専門識者のひとりなのである。

慣れ親しんだもの、当たり前と考えてきたものに名前をつけ直すことにデイヴィッドの気が進まないというのは、理解できる。「ASL」という用語は特別な歴史をもち、デイヴィッドにとっては自分が採用したいかどうか確信のもてない用語なのである。デイヴィッドが私たちに語った最良の解決策は、彼がいつもそうしていたように、それをただ「手話」と呼ぶということである。しかし、この選択はリストの中にはなかった。新しい世代の人たちは、デイヴィッドや彼の同時代の者たちが「ただ、それをやっていただけ」と思っていたものに名前をつけている。手話の活動全体に対していくつかの可能な名前があり、どれを選ぶかという選択は、どんな種類の活動を指すのかというだけでなく、その社会的・政治的な意味によっても変わってくるのだ。

こうした新しい緊張状態は、ギルバート・イーストマンの『私に手話でアリスと言って(Sign Me Alice)』(一九七四)という、ジョージ・バーナード・ショウの『ピグマリオン』をモデルにした劇のヒントとなった。この劇では、若い女性、アリス・バベルというこの作品にふさわしい名の女性が、もし彼女がASLを捨てて人工的な手指英語システムのひとつを学ぶならば、あるいはチャールズ・クラウエルの言い方を借りれば、もしアリスが「IS型やあれこれの手話」を学ぶならばという条件で、金と名誉を約束される。彼女はヘンリー・ヒギンズという、「よりよい」流儀の手話で彼女を仕込む典型的人物に庇護される。アリスの新しい世界では、彼女は言語の実験台にさせられ、さまざまな形態の手話と手の活動――事実上の「バベルの塔」――に出会う。授業を終えた後には、『ピグマリオン』のエリザと同じように、舞踏会に連れ出され、そこでアリスは完璧にふるまう。しかしのちに彼女はASLを捨てたことを後悔し、教師のもとを去るのである。

この劇は新しい状況について時宜を得た説明をするものと受け入れられた。「手話」という言葉ですべてこと足りた昔から、新しいラベルがぞくぞく登場してめまいがするような今日まで、観客はどのように事態が変化したかを考えることができた。

こうした新しいラベルよりも大事なものは――「手話」が「ただ、それをやっていただけ」であった時代に育った人たちを、ある意味ではおそらくさらに当惑させるものだが――、手話についての新しい「自意識」、新しい考え方なのである。ここに焦点が絞られるようになったのと時を同じくして最近の手話の科学的研究が登場した。こうした研究は、ろう者にはある意味で既知のことを裏づけたのだが、ここでいうろう者には既知のこととは、すなわち、手話は豊かな表現能力をもつ人間の言語だということである。

私たちははじめ、ろう者が自分たちの手話について語る仕方によってこの変化を理解した。倉庫から何年もたって最近発見された「古い家庭用ムービー」を観たのである。

一九四〇年ころから一九六四年にかけてのロサンジェルスろうクラブ（LACD）のさまざまな社会的活動の驚くばかりにすばらしい記録が存在する（このコレクションの編集された版は、『The LACD Story』一九八五、で見られる）。この団体は戦時中に新しくやってきたろう者の避難所としてまず設立され、のちにはろうコミュニティの活動的、社会的センターであり続けた。典型的なクラブの様子、すなわち、クラブルームでいろいろと動きまわったり、バーのそこかしこに座ったり、ピクニックのときにグループ・ゲームに興じたりしている人たち、美女コンテストの美女たち、そしてもちろん人気のある娯楽、つまりパフォーマンス、歌、寸劇、講演などを私たちは目にすることができた。

クラブのお祭り騒ぎの中心は、手話で演じられるパフォーマンスである。一九四〇年代のある場面では、若い女性について、その髪、豊かな胸、つまり彼女の体についての賛辞の歌らしきものを手話で歌う若い男性が見られる。しかし、これは地域の人気者、エルマー・プリースターによって演じられた「ヤンキー・ドゥードゥル（Yankee Doodle）」[*1]の

＊1　訳註　日本では、アルプス一万尺の歌でそのメロディーが知られている。ベルギーの作曲家アンリ・ビュータンの手になる「アメリカの思い出」という作品。独立戦争中の流行歌とされているが、ルーツについては諸説ある。『ヤンキー・ドゥードゥル・ダンディ』というマイケル・カーティス監督による映画にもなっている。

有名なバージョンだという。私たちはプリースターのまわりで踊ったり、ときには彼に合わせて手話をしたりする人たちを見ることができたが、みんながうまくそろっているかどうかは、騒々しい楽しそうなグループの一部として全員が参加しているということに比べれば、たいして問題ではない。

私たちは今日のろうの演劇人たち、私たちと同世代の詩人、語り部たち、そして彼らが観客にもたらす満足を思い出したが、一九四〇年以来、手話のパフォーマンスは変化したということも見て明らかだった。それはたんに私たちが「ヤンキー・ドゥードゥル」を知らなかったというだけにとどまらない。

もっとも大きな違いは、私たちがすでに述べたこと、すなわち、今日の演劇人たちは、自分たちの言語についてずっと自意識があり、分析的だということである。現代の手話演劇は、手話の諸要素に焦点を当てている。この意味で、手話はメディアであると同時に演劇の主題でもある。

そのよい例が、『第三の眼（My Third Eye）』（一九七三）の中の「ゲーム」である。この劇の初演までは、アメリカろう者劇団（National Theatre of the Deaf, ＮＴＤ）の全作品は既存の作品の手話訳であった。たとえば、最初のシーズンはプッチーニの『ジャンニ・スキッキ』、ルイス・キャロルやエリザベス・バレット・ブラウニングの詩の手話訳を呼び物にしていた。第四シーズンになってやっと、劇団員が自分たちの作品を創作する実験をはじめた作品『第三の眼』がまとまった。

ゲームは「宣言《マニフェスト》」と呼ばれる、俳優が観客を手話へと導く、遊びに満ちているが巧妙につくられたパートに出てくる。このゲームは俳優たちがステージの前に出て、次のように宣言するところから始まる。「人差し指を使ういろいろな手話をみなさんにお見せしましょう！」。それぞれの俳優が人差し指の手型をもつ手話を出す。「黒」（BLACK）、「誰」（WHO）、「叱る」（SCOLD）。一巡した後、出演者たちは別の手型に移る。たとえば「3」の手型については、「けがらわしい」（LOUSY）、「上品な」（ELEGANT）、「雄鶏」（ROOSTER）など（図5・1）。

俳優はさらに別の手型を見せる。人差し指と中指でV字

図5・1

けがらわしい　上品な　雄鶏

型をつくる手形である。「訪れる」（VISIT）、「馬鹿」（STUPID）、「お手上げだ」（STUCK）という手話を出し、さらにゲームは続けられる。このゲームは見ていて楽しいが、物語はないし、ある類似性を有する生き生きとした手話を並べることを別にすれば、とくにドラマのような印象があるわけでもない。このゲームの目的はたんに手話の特徴を示すだけなのだ。つまり手話がこうしたより小さい部分、手型、位置、動き、手の体に対する向きといったものを含む部分からなっているという特徴を示すだけである。

このパートをつくり出す過程で、NTDのメンバーは手話についての新しい考え方を明るみに出した。俳優たちは最初に観客を見るが、それからゆっくりと自分たちの視線を変化させて、観客に自分たちの身体の代わりに手を見るように促す。俳優が舞台の上を動いて、それぞれの演技のための新しいグループを形づくると、劇の焦点は手話それ自体に移るのである。

『第三の眼』やそのほかの現代作品を古い演技者たちのフィルムに録画された記録、たとえばLACDのコレクションで発見されたフィルムや、チャールズ・クラウエルの全米ろう友愛会（The Frat）の活動の古い家庭用ムービーのコレクションと比べてみると、スタイルと中身の両方が幾年ものあいだにどれほど変化したかを見ることができる。

古いフィルムを見たときに興味深いのは、どのフィルムも手話を記録することにはあまり焦点を当てていないということである。クラウエルを撮った映画のプロデューサーであるテッド・スパラが説明しているように、クラウエル自身は、運悪く行事に参加できなかった人たちのために記録を残すことを責務とするドキュメンタリー監督だった。彼は一種の地域におけるニュース映画としてクラブでフィルムを上映するのを楽しんでいたが、それは自分のコミュニティのためという限られた目的だった。クラウエルは全米ろう友愛会の会議が開かれたホテルの名前を未来のために記録することが大事であると考えていた。彼は注意深くホテルを記録し、入口の庇や建物自体のショットも撮っていた。町や風景も撮影した。しかし、クラウエルは手話の細かいことについてはほとんど注意を払わなかった。クラウエルは手話のパフォーマンスの記録はよく残したが、それに比べると、普通の手話の会話にはたいしてフィルムを費やさなかった。カメラが人々の上を大雑把にとらえたときに、手話による文を撮影しているのが一瞬見られるだけだった。

これらのフィルムでは、手話は注釈のため、つまりどこで行事が行われているかを説明したり、友人たち、建物、講演の名前を記録したり、また映画を見る人に中身を説明するためのものであった。クラウエルは、手話を記録したり、それを描写するためにフィルムを使うという選択はしなかった。彼の映画には手話による説明が含まれている。あるカップルが結婚五〇周年を祝っているのを友人が紹介したり、木工の教師が生徒のつくった細かいところまでよくできた飛行機模型について誇らしく話していたりするLACDのフィルム・コレクションでも、手話は見出しや説明、宣伝、案内のために用いられている。LACDのフィルムのあるシーンは、会長によるクラブのための活気に富んだ広告宣伝である。「私たちが心がけているのは、気もちよく過ごせること。ここでは、がっかりしたり、沈んだ気もちになることなどけっしてないのです！」。

『第三の眼』では、俳優たちは手話について、説明のためのものはなく、それを対象として考えはじめた。この自意識的な演劇の中で、彼らは自分たちの言語を毎日の生活の流れの中から取り出し、それを演劇のための対象にしたのである。さらに進んで、彼らは手話を狭い流れの中から拾い出したのみならず、その内部構造を分析しはじめ、その分析をゲームを導くものとして使ったのである。

それとは対照的にプリースターは、祖国愛と陽気さでもって「ヤンキー・ドゥードゥル」を手話で演じることに関心があった。彼は自分の手話選択にはそう厳密ではなかった。実際、彼はかなり自由に手話での翻訳をしていたように思われる。友人たちはこの歌のプリースター作のアダルト版を覚えている。その中で、プリースターはカノン砲のことを言うときに男根で代用していた。私たちにとって運の悪いことに、映画製作者たちが良心の裁きをしたために、記録では上品な劇しか残っていない。しかしそこには、手話に多くの遊び心と創造性が存在していたことを私たちは知っている。こうした直感的な創造性には反論の余地はない。しかし私たちが見た古い映画のどれにも見つからないのは、私たちが『第三の眼』で見たような、対象としての手話への関心や分析的な感覚であった。

ＬＡＣＤとクラウエルのフィルムには、「ヤンキー・ドゥードゥル」とともに、あるタイプの流行歌の手話歌がたくさん含まれていた。こういったタイプの歌は、アメリカ合衆国のあちこちで広く歌われたと思われるが、そのルーツは明らかではない。クラウエルによって撮影されたフィルムの中には、リーダーがグループの前に立って、動物のリストのついた大きなボードの隣にいるというものがある。リーダーは、ある簡単なリズムに合わせて歌を歌うために、このリストを使ってグループを指導していた。お互いの歌の速さを調整するのがこつである。それぞれの動物の音に合わせて、このグループは「ちえっ」(DARN) という手話を三回繰り返している。

鳥が歌うよ、歌うよ、歌うよ、でも何も聞こえやしない
ちえっ、ちえっ、ちえっ
猫が鳴くよ、鳴くよ、鳴くよ、でも何も聞こえやしない

ちえっ、ちえっ、ちえっ
犬が吠えるよ、吠えるよ、吠えるよ、でも何も聞こえやしない
ちえっ、ちえっ、ちえっ
牛が鳴くよ、鳴くよ、鳴くよ　でも　何も聞こえやしない
ちえっ、ちえっ、ちえっ[*2]

この「ちえっ、ちえっ、ちえっ」という繰り返し《リフレイン》が、この歌をLACDとクラウエルの二つのコレクションにあったほかの歌と似たものにしていた。これらの歌の中では、こうした繰り返しが、「ワン、ツー、ワン＝ツー＝スリー」というはっきりとしたリズムで歌われていたし、演技者は自分なりの言葉をこのリズムの中に挿入していた。

これらの歌の初期の演技者の中に、ギャローデット大学の応援団のリーダーであるジョージ・カナッペルがいた。彼は「ワン、ツー、ワン＝ツー＝スリー」というパターンを、彼が大学を卒業した一九三〇年以降も続けた。カナッペルはクラウエルの映画のひとつに次のような歌とともに登場するが、これはおそらくは会議かグループ旅行に行くことの説明だろう。

ボート、ボート、ボート＝ボート＝ボート
ドリンク、ドリンク、ドリンク＝ドリンク＝ドリンク
ファン、ファン、ファン＝ファン＝ファン
エンジョイ、エンジョイ、エンジョイ＝エンジョイ＝エンジョイ*3

ＬＡＣＤの映画コレクションには、オディーン・ラスムッセン（友人たちの呼び方では「ラシィ」）によってつくられた歌があるが、彼はＬＡＣＤのクラブ・ハウスで「ワン、ツー、ワン＝ツー＝スリー」専門の歌い手であった。

ほんと、ほんと、ほんと＝ほんと＝ほんと
わくわく、わくわく、わくわく＝わくわく＝わくわく
パック、パック、パック＝パック＝パック
さよなら、さよなら、バイ＝バイ＝バイ

＊2　テッド・スパラによる翻訳。
＊3　テッド・スパラによる翻訳。

電車に乗らなきゃ、乗らなきゃ
もしかしたら＝もしかしたら＝もしかしたら
（または）
ヒッチハイク、ヒッチハイク、ヒッチハイク＝ヒッチハイク＝ヒッチハイク
ヒッチハイク、ヒッチハイク……＊4

これらの歌にはみな「ワン、ツー、ワン＝ツー＝スリー」のリズムに合わせて一連の手話が入っている。どれもたとえば、ラシィの家を出たとか、会議に行くと楽しいというカナッペルの話のように何らかのストーリーがある。どれも集団で歌う歌であり、多数の人たちを鼓舞してよい気分にさせ、一体感をもたらす。今日では、これらはほとんど消え去ってしまった。おそらく今でも広く歌われているのはただひとつ、ギャローデット大学の次のような応援歌である。

万歳、俺たちの強いバイソン君
フーッ、フーッ、フッ＝フッ＝フッ
その心意気！　万歳　俺たちギャローデットの旗、黄色と青の旗

パン、パン、パ＝パ＝パン
敵の野郎はみなギャリーの男に脅えるぞ
なぜなら俺たちギャリーの男は奴らに言うのさ
このヤロ、このヤロ！　エイ、エイ、エイ！
パン、パン、パ＝パ＝パン[*5]

「ワン、ツー、ワン＝ツー＝スリー」の歌の時代から『第三の眼』の時代のあいだに、すでに述べたように、ろうの演劇人たちの言語の考え方、またその使い方に大きな変化が起きた。

こうした変化は、手話についての新しい見方のおかげである。この種の手話の分析に向けての第一歩は、手話の新しい記述についてのウィリアム・ストーキーによる革新的な提案から始まっている。ストーキーは手話をそっくりそのまま「絵」の単位として描写する

＊4　キャロル・パッデンとトム・ハンフリーズによる翻訳。
＊5　ロバート・パナラ（Robert Panara）の詩「バイソン精神（The Bison Spirit）」（一九四五）より。ウィルト・マクミレン（Wilt McMillen）による翻訳。

ウィリアム・ストーキー

という初期の伝統との関わりを絶ったのである。ストーキーはジョージ・トレジャーやヘンリー・スミスのような構造主義者たちの仕事を駆使して、それぞれの手話はそれまで考えられていたのとは違って、より小さい単位、つまり手型、動き、身体に対する手の向きなどで構成されたものとして分析できるのではないかと提案した。手話はより小さい単位に分解でき、その小さい単位はある限られた方法で組み合わされているのだが、それはちょうど音声の言葉が音素と呼ばれるものの連続体で構成され、規則に従った構造で配置されているのと同じである。手話言語と音声言語はそれ以前の考えよりもずっと似たもの同士であるのに違いない、少なくとも内部構造の分析の視点からは、これらを別ものと見なす根拠は何もないからである（Stokoe 1960）。

ストーキーは自分の言いたいことを伝えるために、一九六五年、「言語学の原理に基づく」「アメリカ手話（American sign language）」（これは伝統的な呼び名「手話〈the sign language〉」をちょっと修正しただけである。頭文字を大文字ではじめるアメリカ手話 American Sign Language という表記はのちにできた）の辞書を刊行した。ストーキーは手話を伝統的な方法、つまり英語訳によったり、「動物」とか「食物」といったカテゴリーによる方法ではなく、手型、動き、位置によって整理した（Stokoe, Casterline and Cronenberg 1965）。この辞書のもっとも革新的な特徴は、手話の手型（そのためにストーキーは dez[*6] という語を発明した）、動きや位置を記述する表記システムにある。「NIGHT（夜）」という見出し語は下のようになっている。

こうした表記の多くは奇想天外なアイデアと考えられた。「手話」にはこうした広い分析をするだけの根拠があるというストーキーの主張は、ギャローデット大学の同僚たちのあいだでちょっとした騒

$\surd B_{ɒ}$　$\surd B_{v}^{\times}$　（夜〈名詞〉）

B 手型（dez）を指先同士が触れ合うような位置（tab）[*7] で指先が手首よりも低くなるよう交差させる、あるいは両手が互いを叩くようなかたちで交差させ、最後は手の付け根あるいは手首の内側に指先が触れるような位置で終わる。

ぎを引き起こした。大学新聞である『黄色と青（*Buff and Blue*）』[*8]は、ストーキーのさまざまな業績を恭しく報告した。そこにはアメリカ学会協議会やアメリカ科学財団からの研究助成金についての話も含まれていた。しかし、ろうの同僚ギルバート・イーストマンは、当時を振り返る。「ストーキー博士のあのプロジェクトがうまくいくとは思っていなかったし、カメラの前で手話をする（彼の）二人のアシスタントは、時間の無駄をしていると思っていたよ」（1980: 19）。ろうコミュニティのほとんどはあいかわらず、クラウエルとまったく同じように、彼らがどのように「感じた」か、どんな「絵」を表現したかによって、手話はもっともよく記述されるのだと信じていた。J・スカイラー・ロングの標準的な辞書である『手話のマニュアル（*The Sign Language: A Manual of Signs*）』は典型的なアプローチをしている。

「夜」NIGHT　手と腕とを昼を表す位置におくが、手を下に下ろし、右から左へと腕の下に半円を描く。こうして日没から日の出までの太陽の動きを表す。

ストーキーはこれとは対照的に、音声言語の辞書と同じように、ＡＳＬの辞書にすべての可能な語彙要素とその「発音」のリストを載せたいと思っていた。話し言葉の辞書に可能な母音と子音の組み合わせが載っているように、ストーキーの辞書はＡＳＬの手型の閉集合が、その位置と動きと一緒に載っている。結局のところストーキーは、何が手話の科学であるかを立証する初期の研究のスタートを切ったのである。

この科学の出現と時を同じくし、またそれに寄与したのは、新しい世代の詩人、演劇人、そして彼らの芸術である。芸術と科学の漸進的な交わりは芸術の形態に強力なインパクトを与えた。こうしたことは、先に述べたようにアメリカろう者劇団（ＮＴＤ）の俳優たちの公演の中に見られた。一九六七年、保健教育福祉省からの補助を受けて、ろう者の新しいイメージを一般の人々に伝えるという使命をもったＮＴＤが設立された。公演でときどき稼ぐだけで、おもに自分たちのコミュニティのために活動していたろうの俳優たちは、今や何種類かの演目を上演する劇団の専属となった。自分たちの新しい作品を上演す

＊6　訳注　「dez」は、「designator」の略で、これはストーキーの用語で手話をするときの利き手のことである。
＊7　訳注　「tab」は、「tabula」の略で、これはストーキーの用語で手話をするときの位置のことである。
＊8　訳注　ギャローデットのスクール・カラーの一方であるBuffという色は、ここでは「黄色」と訳したが、実際には未使用のモップやめがね拭き用布などの色に当たる淡黄褐色である。この新聞は現在ネット版となって（http://www.thebuffandblue.net/）刊行されている（Access, 2016.02.13）。

る独自の劇団をつくっていくという仕事に直面して、俳優たちは内面を振り返り、彼らの手話という豊かな資源を掘り起こしていったのである。創設者のひとり、ルー・ファント[*9]は語っている。素材を手話に翻訳するという仕事は、手話のどの「かたち」が舞台で用いられるべきかについての深刻な議論を劇団の内部に引き起こした、と（Fant 1980）。

手話についての新しい考え方が与えた衝撃は、ドロシー・マイルズとクレイトン・ヴァリの詩にも見られる。マイルズは『身振り』という彼女の本に収められた詩のまえがきで、こう説明している。「この詩は、はにかみ屋の（SHY）、はずかしい（SHAME）、売春婦[*10]（WHORE）の三つの手話が似ているという点をめぐる議論から生まれたものです。これを書き終わったとき、私は自分が使っている手話のほとんどが同じような手型をもっていることに気づいたのです」（1976: 37）。マイルズは一九七五年に、アーシュラ・ベルージと彼女の同僚をソーク研究所[*11]に訪ねたが、彼らは手話の構造の科学的な探究に取り組んでいた。このグループと触れ合ったことが、より多くの詩を生むインスピレーションをマイルズに与えた（Miles 1976）。

マイルズの詩「トータル・コミュニケーション」は、手話自体がいかにして手話による舞台の主体となったのかを示す例である。私たちはこの詩で、彼女が開発した普通とは違ういくつかの方法を目にする。マイルズのトレード・マークになっている、手話でも音声言語でも可能な「二通りの説明」などである。その詩は一人称代名詞「私」の手型に基づいている。「トータル・コミュニケーション」の最初の四行は次のように英語で書かれている。

＊9　訳注　来日経験もあり、「黄金の手」という伝説をもつ類まれな手話通訳者。日本で公開された『大草原の小さな家』など数々の作品に手話の使い手として出演し、CODA（コーダ、ろうの両親から生まれた聴者）の手話通訳のさきがけのひとりでもあった氏は、惜しくも二〇〇一年六月一一日、この世を去った。日本のろう演劇関係者、手話通訳関係者など数多くの人が氏の死を悼み、『日本聴力障害新聞』にも追悼記事が掲載された。

＊10　訳注　手話の社会言語学者で、アメリカ合衆国でもっとも広く読まれている手話学習者のためのテキストの共著者のひとりでもある。一九九七年の来日の際には、新しい手話詩についての公演・講演で大きなインパクトを与え、日本でもろう手話詩に挑戦するろう者が出てきた。二〇〇三年三月、五一歳で病のため惜しくもなくなられたが、日本の手話学、手話パフォーマンスの世界にとっては忘れられない人物である。

＊11　訳注　ソーク研究所（Salk Institute）は、過去も現在も手話の心理学的また認知科学的研究のトップ機関である。日本にも二〇〇一年冬、ベルージたちの第一世代の後を引き継ぐ代表的研究者カレン・エモリー（Karen Emmorey）が来日し、東京言語研究所や慶應義塾大学などで講演を行った。その後、アーシュラ・ベルージ自身も理化学研究所の招きで二〇〇五年夏に来日して、日本手話学会大会で「脳の仕組み——手話失語から得た手がかり」という講演を行った。

You and I
can we see aye to aye,
or must your I, and I
lock horns and struggle till we die?

あなた　と　わたし
ふたりは　互いに　イエスと言える？
それとも　あなたのＩと　わたしのＩで
角突き合わせ　ふたりは死ぬまで　戦わなければ　いけないの

三行目と四行目では、マイルズは手話の連なりをすべての手型が同じになるように並べている。手話の「わたし」（I）は普通、胸につけるようにするが、ここでは詩ということで破格になる。マイルズはこの手話を二人称の位置空間でやり、その結果が、「あなたのI」（YOUR-I）というわけである。次にマイルズは同じ手型のまま「わたし」（I）という手話をして、両手をその次の手話「角突き合わせ」（LOCK-HORNS）で合わさるようにする。「わたし」（I）という手話と「角突き合わせる」（LOCK-HORNS）という手話を詩のこれに当たる行、「それとも　あなたのＩと　わたしのＩで／角突き合わせ　ふたりは死ぬまで　戦わなければ　いけないの」と比べてみよう（図５・２）。マイルズはこうした手話の使い方で、比喩的にではあるが、出会ってぶつかる二人を示すことになる。一行のあいだずっと同じ手型を続けるという細部描写は、ささやかで微細であるが、これが彼女の詩の特徴である。

ほかのところでは、マイルズは同じ手型を続けるかわりに、手話の位置を操作している。「挑戦（Defiance）」という詩でマイルズは再び、「わたし」（I）の手話を普通とは違う仕方で使う。

If I were I
I would not say those pleasant things that I say;
I would not smile and nod my head
When you say

図５・２　「それとも　あなたのＩと　わたしのＩで／角突き合わせ……」

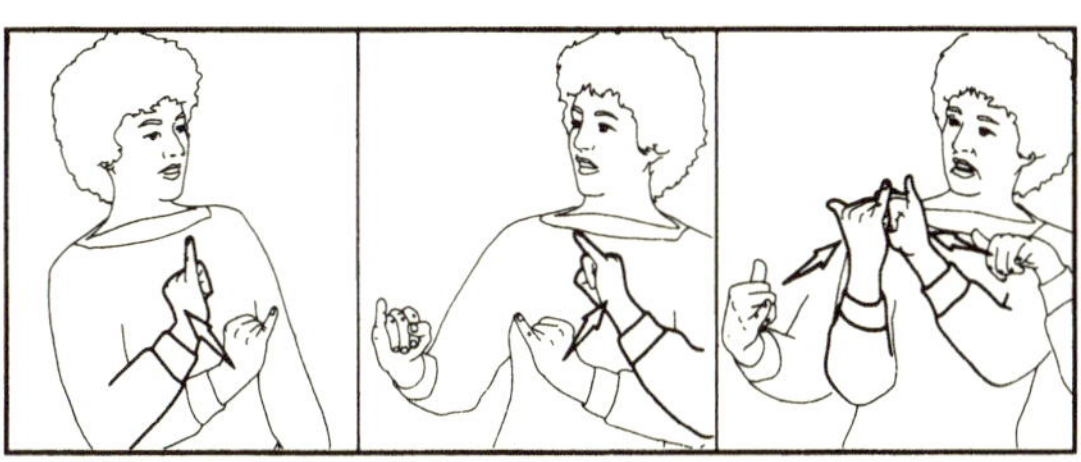

No!

わたしが　わたしだったら
今みたいな愛想のいいことなんか言わない
愛想笑いして、うなずくことなど、もうしない
何か言われたら
それは違うって言う

ここでマイルズは〈現実のわたし〉と〈偽善のわたし〉とを比較している。後者の「わたし」、つまり表向きの「わたし」に関しては、マイルズはまず「偽善」（HYPOCRITE）という手話をして、それから次の手話、「わたし」を出すが、この「わたし」は通常やるように身体のところではなく、代わりに「偽善」という手型の上でやるのである。このため〈偽善のわたし〉という意味になるわけだ。前者の意味の「わたし」は、普通の手話で、つまり身体の上で表され、〈現実のわたし〉、つまり私的な自分を意味する。

もうひとりの現代の詩人クレイトン・ヴァリは、その作品で、手話の構造に関して同じ認識を示し、また別のかたちで手話を操作する。「風の強い輝く朝（Windy Bright Morning）」

（一九八五）という作品で、ヴァリは手型や位置だけでなく、両手の相互作用も操作する。

Through the open window
with its shade swinging, sunshine, playful
taps my sleepy eyes.

開かれた窓の向こうには
揺れる影法師、日の光、いたずら好きな
コツコツが　わたしの眠い目を起こしにやってくる。*12

「わたし」（I）という手話のように片手でやる手話もあるが、「角突き合わせる」（LOCK-HORNS）や「偽善」（HYPOCRITE）のように両手でやる手話もある。この詩の美しさは、片手手話と両手手話が注意深く並べられているところにある。詩のそれぞれの部分は、各部分とうまく合うように前後を考えて選ばれている。最初の行では、ヴァリは「窓」

＊12　カレン・ウィリスとクレイトン－ヴァリによる翻訳。

（WINDOW）という手話が両手を必要とすることをうまく生かしている。ヴァリは「窓」（WINDOW）という手話を立ち上げて、それからゆっくりと、けれどもはっきりと両手をその位置から外に向かって動かし、二つの片手手話、「窓枠」（WINDOWSILL）と「風にやさしくなびいているカーテンのすそ」（CURTAIN-EDGE-GENTLY-BLOWING）の位置へと動かすのだ。ヴァリは途切れることなく二つの手話へと流れ込んで、両手の関係を変化させただけだ。その結果、柔らかなリズムでとても詩的に仕上がる。

マイルズとヴァリは、手話を組み立てる方法、および構造と意味の関係について細部にわたり認識しており、この認識を中心にして自分たちの詩を構築した。こうしてできた詩と比べると、プリースターやカナッペルなどの初期の演劇人たちは、自分たちの手話を当たり前のものと見なしていたように思われる。ちょうど私たちの友人のデイヴィッドが自分の家族はいつもそうだったと言ったように。プリースターにとっては、舞台は下稽古をして完成させるものであって、マイルズやヴァリの作品に見られるのと同じような意識や注意深さで計画されるものではない。

では、初期の演劇人たちは自分たちの手話について何がしかの知識をもっていたのだろうか。彼らはもっていたと私たちは思う。プリースターは「ヤンキー・ドゥードゥル」のアダルト版で、別の意味を微妙にほのめかすが、観客にジョークがわかるくらいにはもとの歌にもちゃんと似ている手話を選ぶ。それくらいは手話のことをよく知っていた。

初演が一九三九年の別の詩は、過去の世代の手話の演劇人たちが明確な理解に基づいていなくても直感的に、自分たちの言語の構造について知っていたことを明らかにしてくれる。この詩は、NTDの最初のシーズンに上演されたときには、観客を呆然とさせ、批評家たちを大いに喜ばせ、そして演者を一躍全国的に有名にしたのである。それは、ルイス・キャロルの「ジャバウォッキー（Jabberwocky）」のエリック・マルツクーンによる翻訳であった。

マルツクーンはギャローデット大学の学生だった一九三九年、詩のコンテストで初めて翻訳の仕事をした。その際、複雑な反応を得たことは、自分が何か新しいことを企てていた証拠だと考えた。さまざまなクラブで詩の公演を続け、気まぐれとクラブの特徴に合わせて少しずつ常に舞台の内容を変えた。たとえば、デトロイトのろうクラブでは、詩に出てくる怪物をさまざまな大きさと特徴をもつ車に変えた。

一九六七年、マルツクーンはNTDにコーチとして参加し、彼の翻訳が若い俳優ジョー・ヴェレスに割り当てられた。ヴェレスは彼なりの方向性と柔軟なスタイルをもち、舞台に新しい次元を与え、今日では「ジャバウォッキー」と言えば彼というほどに、この詩で知られるようになったのである（ヴェレスの舞台は、映画『タイガー、タイガー Tyger, Tyger』

一九六七、で見られる)。

その翻訳の技術は、マルックーンがキャロルの言語創造を、同じくらいすばらしい手話の創造で反映させた仕方に見られる。キャロルがほかの言葉の部分から言葉をつくり出したように——たとえば「slithy(ぬるやわらかい)」という言葉は、「slimy(ぬるっとした)」と「lithe(しなやかな)」から——、マルックーンは普通の手話の部分を再結合したのである。「ジャブジャブ鳥」(図5・3)は、マルックーンは最初に長くて薄い物体を表すために使う手話の部分をとって、それをひとつの手型に組み合わせ、その手型を今度は頭のてっぺんにもってきて、その鳥の羽毛にしたのである。次に「羽」(WING)という手話の部分を組み合わせて、体の両脇に二つの羽のある奇怪な生き物をつくり出した。詩に出てくるほかの動物はどれも、バンダースナッチにせよ、ジャバウォックにせよ、[13]「あご」(JAW)、「こぶ」(MOUND)、「目」(EYE)、「牙」(FANGS)、「歯」(TEETH)の

図5・3 「ジャブジャブ鳥」

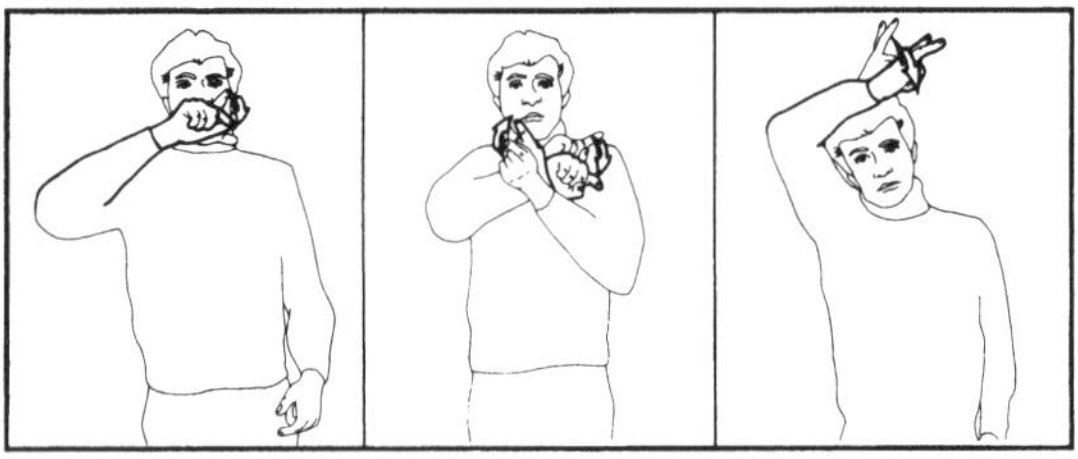

「鳥」 「くちばしのようなもの」 「羽毛」

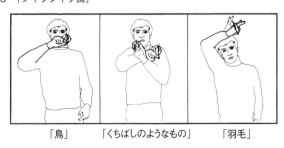

ような手話の部分をあれこれ組み合わせることでつくった。

マルックーンは詩のほかのフレーズでも手話の組み合わせを使っている。「gyre and gimble（前後普角に転し錐し）[*14]」という文には、平らな表面を表す手話の一部分を使っているが、変な動きを入れて組み合わせ、普通ではない気味の悪い波を表している。「whiffling through the wood（森中よりじゃぞじゃぞっと現れ）[*15]」（図５・４）では、マルックーンは大足の生き物を表す手話の部分をとってそれらを組み合わせ、藪を抜けて進む猛獣の脚、足、らんらんと輝く目などをつくる。

＊13　訳注　どちらもルイス・キャロルの『鏡の国のアリス』に出てくる正体不明のキャロルの想像でつくられた怪物。バンダースナッチ Bandersnatch という言葉は、ban-dog（猛犬）と snatch（かっぱらい）から、ジャバウォック Jabberwock のほうは、jab（ぐいと突く）または jatter（粉々に砕く）と wacker（変なやつ）という説と、jabber（早口のわけのわからないおしゃべり）と wock（果実）という説があるようだが、いずれもキャロル自身がその生成を明らかにしなかったので本当のところはわからない。ジャブジャブ鳥 JubJub bird も同じくキャロルの造語によって生まれた想像上の生き物。
＊14　柳瀬尚紀氏による和訳（ダグラス・R・ホフスタッター著『ゲーデル、エッシャー、バッハ——あいは不思議の環』野崎昭弘、はやしはじめ、柳瀬尚紀訳　白揚社　一九八五年）。
＊15　注14に同じ。

マルツクーンは、自分はこの詩を「どう感じたか」に忠実に翻訳したと言っている。しかし、テッド・スパラが最初に観察したように（Supalla 1978）、マルツクーンはＡＳＬの詩の中心的な構造的特性を偶然発見していた。すなわちＡＳＬの形態論、あるいは語形成システムが働く仕方である。

　音声言語では、語はそれぞれ少なくともひとつの意味の最小単位、つまり「形態素」と呼ばれるものでできあがっている。たとえば、英語の語 stick（棒）は一形態素からできているし、stickpin（飾りピン）は二形態素からなっている。また stickpins は、stick と pin（止め針）、そして複数を示す -s の三形態素からできている。

　マルクツーンは翻訳で、手話の形態論をうまく活用していた。彼流の手話で「Jabberwock（ジャバウォック）」をつくるために、マルクツーンは TOOTH（歯）という形態素を HUMP（こぶ）、JAW（あご）という形態素と組み合わせて新しい結合をつくり出し、それがこの生き物の名前として使わ

図５・４　ジャバウォックが森中よりじゃぞじゃぞっと現れる

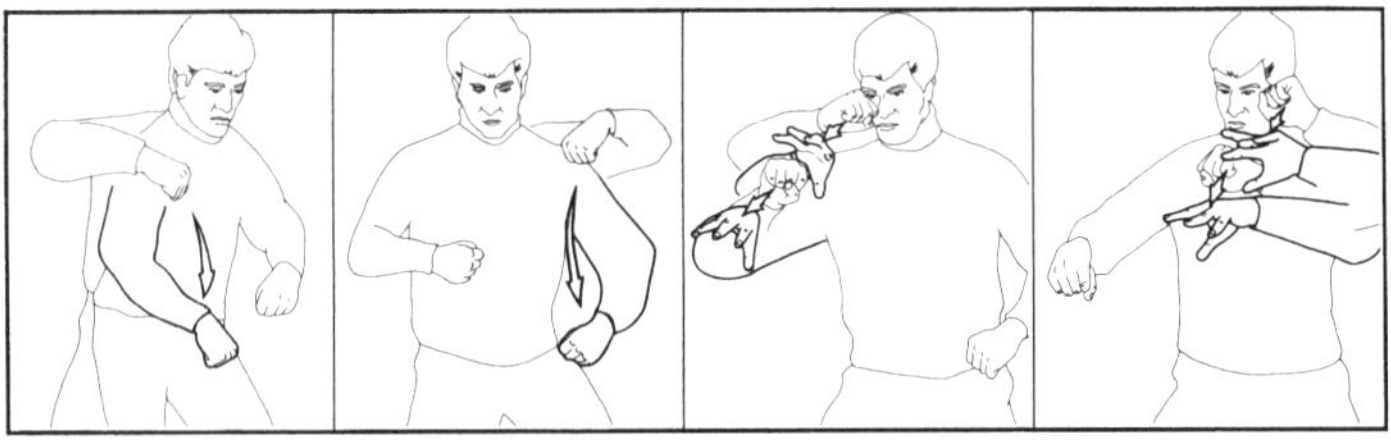

大きな足の生き物がどしんどしんとやってくる　　目がらんらんと輝く

れた。つまりマルクッツーンは新しい形態をつくり出すために形態論の結合の力を活用したのである。

しかしマルクッツーンは自分の翻訳を、「ＡＳＬの形態論」の実験と呼ばなかったのは確かだ。一九三九年には、彼は自分の使っている手話が「ＡＳＬ」と呼ばれるとはまさか夢にも思わなかったろうし、いわんや自分がやっていることが手話の形態論の操作だという ことも考えなかっただろう。手話が名前をもちはじめ、演劇人たちが手話の構造の周辺で詩を書きはじめたつい最近の世代になってやっと、ろう者はこうした考え方にたどりついたのだから。

『第三の眼』の中には、ＡＳＬの形態論を使った別のゲームがある。俳優たちが手型を使ったゲームをちょうど終えたところで、女優のひとり、フリーダ・ノーマンが、今から「きらきら光る」を異なる方法でやりますと宣言する。俳優たちは一列になって、自分の番が来るのを待つ。今度のゲームは、ある手型でもって手話を考えるのではなく、「きらきら光る」ことに関わる手話の文を考えるのだ。

俳優たちは自分の文を綴る番になると、同じ手話はしないが、二つの形態素のひとつ、つまりFLASH（ピカッと光る）とSHINE（ピカピカ光る）のどちらかを使った手話を出す。

FLASHは、手のひらをいっぱいに開いたかたちで始まり、次にこれを閉じるのを繰り返す。SHINEは、開いた手のひらの中指を外側に向かって小刻みに揺り動かすようにする。ひとつの手話をつくるために、こうした形態素は位置などのほかのパーツと組み合わされなければならない。パトリック・グレイビルは、BALD-HEAD（はげ頭）SHINE（ピカピカ光る）とやったが、これは「自分のはげ頭が光る」という意味の手話になる。ティム・スカンロンは、SNOW（雪）SHINE-HERE（こちらで光る）SHINE-THERE（あちらで光る）とやったが、これは「雪が降ってその表面がキラキラ光っていた」という意味の手話（図5・5）。リチャード・ケンドールはGUN（銃）POLISH-GUN（銃を磨く）GUN-SHINE（銃が光る）とやり、これは「私は銃を磨いた」という意味である（図5・6）。

ドロシー・マイルズは、FLASHを用いて、LIGHT-HOUSE-ON-HILL（丘の上の灯台）FLASH-AND-TURN（ピ

図5・5　「雪が降ってその表面がキラキラ光っていた」

図５・６　「わたしは銃を磨く」

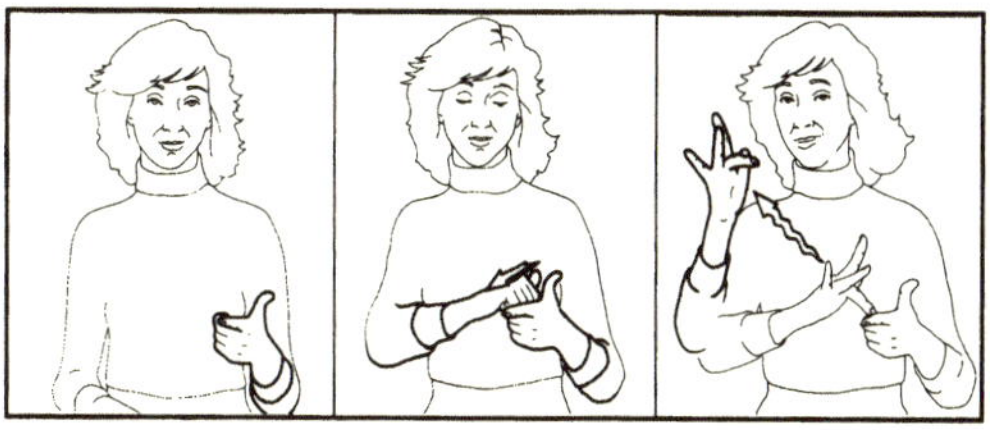

「銃」　「銃を磨く」　「銃が光る」

図５・７　「カメラのフラッシュ・ランプが光った」

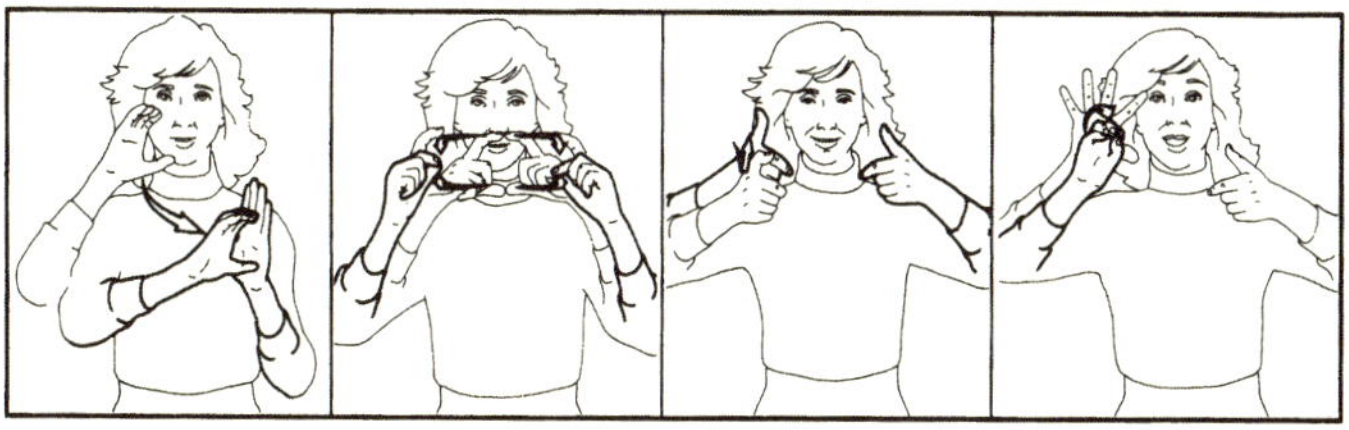

「写真」　「カメラのシャッターを押す」　「ピカッと光る」

図５・８　「蛍が視界の隅っこから飛んでくるのを見ていて、ついに捕まえた」

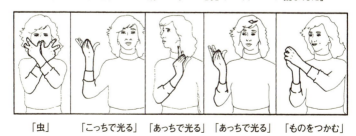

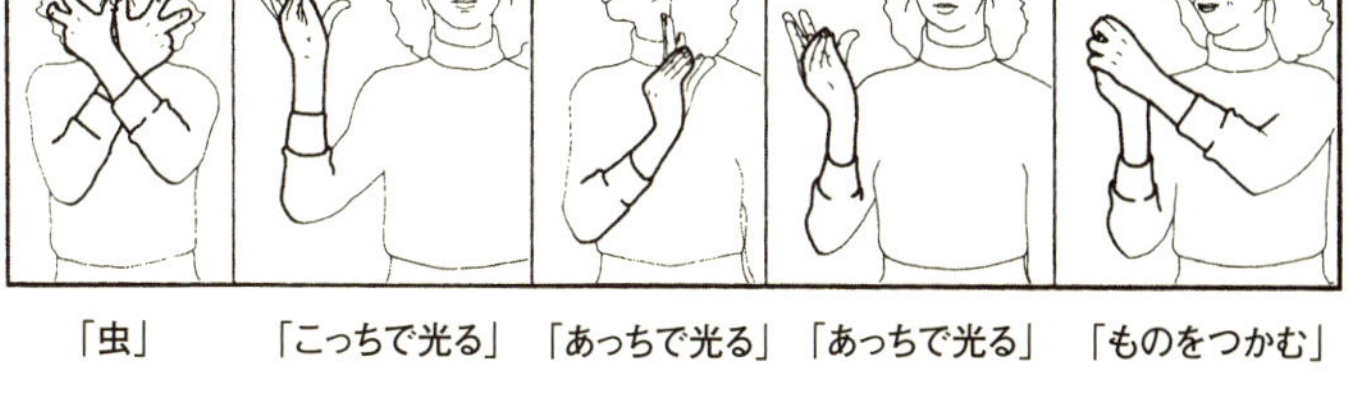

「虫」　「こっちで光る」　「あっちで光る」　「あっちで光る」　「ものをつかむ」

カピカ点いたり消えたりして光る）FLASH-AND-TURN、「夜、灯台の灯がピカッと輝いている」とつくった。フリーダ・ノーマンは、PHOTOGRAPH（写真）CAMERA-CLICK（カメラのシャッターを押す）FLASH（ピカッと光る）とつくったが、こちらは「カメラのフラッシュ・ランプが光った」という意味だ（図5・7）。そしてドロシーがこの幕の最後を飾る。BUG（虫）FLASH-HERE（こっちで光る）FLASH-THERE（あっちで光る）FLASH-THERE CATCH-OBJECT（ものをつかむ）とするのだが、これは「蛍が視界の隅っこから飛んでくるのを見ていて、ついに捕まえた」という意味である（図5・8）。

ここで、俳優たちはＡＳＬの形態論を示すのみならず、それについて直截に語りはじめた。つまり彼らは同じ形態素 FLASH が、「夜、灯台の灯がピカッと輝いている」という文と「灯油ランプがチラチラ光っている」という文の両方で出てくるということを理解しているのだ。また「自分のはげ頭が光る」という文で出てくるのと同じ形態素が「雪の上がキラキラ光っていた」という文でも出てくるということだ。

こうしたゲームがもし英語で行われたら、俳優たちは英語で、たとえば sick とか sheet のような形態素のひとつを含む英単語を考えることになるだろう。Lipstick（口紅）、Stickpin（飾りピン）、Worksheet（練習帳）、Sheetrock（建材の一種）、Pogo Stick（竹馬に似た遊びの棒）、Bedsheet（シーツ）、Stick shift（自動車の変速レバー）、Stick of candy（キャンディーの棒）、Sheet of Paper（紙）、Stick of wood（木のステッキ）といったところだろうか。俳優たちはまた、新しいイメージをつくり出すために言語の枠を広げようと試みるだろう。Sheet of Snow on the road（道路一面に広がっている雪）とか、Sheet of water flowing over the wall（堤防を越えて流れ出ている一面の水）など。

ここでマルツクーンと『第三の眼』を演じた俳優の違いがはっきりする。このゲームでこうした部分を演じることの明確な目的は、観客に手話の特徴に気づいてもらうことなのである。俳優は、手話についての新しい理解、すなわち手話がより小さな意味の単位から成り立っているということを、演劇の対象として使っているのである。マルツクーンはそれとは対照的に、英語の詩からはじめて、それをいかに翻訳するかをめぐって彼のパフォーマンスをつくり上げている。マルツクーンの翻訳は、自分の手話がどのように機能するかへの意識を示すが、その分析はしていない。

今述べたように、手話演劇のスタイルと中身を見てたどれるこうした変化は、ろう者の手話への理解がどれだけ大きく変わったかを反映している。プリースターやカナッペル、ラシィ（ラスムッセン）、マルツクーンのような過去の演劇人たちが、手話演劇のこうした創造性を現代の演劇人たちと同様、評価していたことははっきりしている。新しいのは、手話がそれ自体対象として考えられうる――考える価値が十分にある――という観念である。

もっと最近のパフォーマンスのタイプが明らかにしたのは、新しく興りつつある手話の科学だけでなく、自己についての新しい科学である。ろう者は今日、パフォーマンスを含む自分たち自身の文化についての新しい自意識をもっている。ひとたび彼らの手話と文化がより広い文脈の中に深く埋め込まれるや、今度は彼ら自身が分析の対象になるべく引っ張り出されたのである。

私たちは手話の演劇、歌、詩の歴史をたどってきたわけだが、手話についてのろう者のもっとも深い知識は変化しなかった――それは科学によって確かめられ、芸術的な表現によって確認されただけなのであると、ここで繰り返すことは重要である。ヴェディッツの一九一三年の講演からマルックーンの遊び心に満ちた「ジャバウォッキー」、またマイルズとヴァリの注意深く吟味された詩に至るまで、私たちが引用してきたすべての作品は、それぞれの仕方で手話の豊かな可能性を明らかにしている。ろう者のパフォーマンスは、ろう者が手話の可能性について常に知っていたということを示したと言うと、おそらく議論になるだろうが、でも結局のところ、ろう者は知っていたのである。今、私たちが目にしているのは、手話をめぐる新しい内省とそれを記述するための新しい語彙なのである。

第6章 音のもつ意味

聴者によく見られる誤解のひとつに、ろう者は音のない世界に生きているというものがある。両親が最初、息子の耳が聞こえないとは気づかなかった少年についてのテレビ番組『君の名はジョナ（And Your Name Is Jonah）』（一九七九）では、この少年の立場から世界を見るときには、サウンドトラックの音がまったくないシーンになっている。そうしたシーンのひとつに、このような場面がある。ジョナはパーティに連れていかれ、突如、人間の声もそのほかの雑音も、バックで流れている音楽さえも聞こえない不気味で恐ろしい沈黙が出現するのだ。そこで耳の聞こえる視聴者は孤独と失見当というぞっとする感覚に襲われる。このシーンは少年の立場を伝えるどころか、すべての音を失うという耳の聞こえる視聴者自身の恐怖を再認識させるだけである。

音がない《サイレント》というメタファー〔比喩〕の流布は、ろう者についての本の書名にも見られる。たとえば、『彼らは音のない世界で育つ（*They Grow in Silence*）』（Mindel and Vernon 1971）、『音楽なしで踊るということ（*Dancing without Music*）』（Benderly 1980）、『音のない世界で育った（*Growing Old in Silence*）』（Becker 1980）、『音のない世界のもう一つの面（*The Other Side of Silence*）』（Neither 1983）などだ。ろう者までが、このメタファーに十分すぎるほどに影響を受けている。たとえば全国規模のろう者の雑誌『サイレント・ワーカー（*Silent Worker*）』や、ろう者がオーナーの新聞で現在流通している唯一のもの『サイレント・ニューズ（*Silent News*）』などである。[*1] ろう者団体の名称もまた、ろう者がこのイメージを自己に言及するのに便利と考えていることを示している。[*2]「太平洋サイレント・クラブ」「サイレント・オリオール・クラブ」「シカゴ・サイレント・ドラマチック・クラブ」「デ・モワンヌ・サイレント・クラブ」などである。

聴者にとっては、音がない《サイレント》というメタファーは、ろう者の暗黒面であると彼らが信じるものを表している。つまり、人間的なコミュニケーションに音を使えないのみならず、世界を直接に知ることができないという暗黒面だ。聴者にとっては、世界は音を通じて知ることができるものである。音は自分自身を世界に向けさせる、心地よいなじみの手段である。それが失われると、世界を知りうる方法が崩壊する。こうしたイメージは、世界は第一に音によって、とくに話された言葉によって伝えられるものだから、ろう者は世界にアクセスできないという考え方を表している。かわりにろう者は「別の世界」に閉じ込められており、「音のバリアー」の向こうにいて、音が聴者に与える意味の深さが欠落した人生を宣告されているのだ。

音についての考え方は二通りある。もっともなじみ深いのは、音は聴覚システムによって検出される物理的世界の中での変化だというものである。これは想像するに、ありのままの「聴覚的」定義だろう。しかししばしば見逃されるのは、音は物理的世界の変化を取り巻く意味の世界を秩序だてるものでもあるということである。ウィンクと目の不随意反応（チック）とがどのように違うか（Ryle 1949; Geertz 1973）という古典的な例が、音についても同じように使える。ウィンクが不随意的に目まばたきするのと違うのは、目を閉じる物理的な過程の差によってではなく、それがほかの活動との関わりで組織化される方法

＊1　その後、一九八〇年代に入りいくつかのそうした新聞が発刊されはじめたため、「唯一の」ろう者の新聞ではなくなった。さらにインターネットの普及により紙の新聞の時代が終わり、現在、米国ではこうした新聞は消滅した。

＊2　訳注　日本でも「無音の会」という名称の会がかつてあった。また、ろうのサーフィン愛好者の団体が「サイレント」という名称を全国で使っていたことがあったが、近年、「サイレント」はろう者の実感になじまないという自意識の変化の現れが反映されて、全国組織は「日本デフ・サーフィン連盟」（二〇〇一年）に改称している。ただ二〇一四年に、「ろう博覧会」を開催することを目的としてつくられた団体が「サイレントJAPAN」を名乗っている。これは同団体の代表が、一九六〇－一九七〇年代に日本で発行された「サイレント」というろう者の新聞の編集長の親族であることが関係していると思われる。

によってである。ウィンクは意味を伝える動作であり、社会的な意味をほかの人に伝えるコミュニケーションである。これと同じように、咳の音は、気管をきれいにするための無意識の副産物でもありうるし、非同意を示したり合図を送ったりする方法でもある。

異なった文化が異なったやり方で音を秩序づけるという事実は、音が本来的に何かひとつの意味をもっているのでなく、無数の解釈や選択がありうることを示している。たとえば、バンツー語の音韻的クリック音（舌打ち音）や吸気閉鎖音は、英語の話し手にとっては無意味なノイズのように聞こえる。犬の吠え方（英語では「バウワウ」だが、フランス語では「ウヮウヮ」である）などの表現法が非常に多様であることから、言語はノイズをさまざまな方法でコード化することが明らかになる。どの音のパターンがドアベルの音、火災報知器の音、サイレンの音に使われるのかについては、文化的なしきたりがある。音楽については、ある文化で精神的な満足感をもたらすものが、ほかの文化からすれば、奇怪で不協和なものかもしれない。アメリカの前衛音楽の新しい流儀にゾクゾクする人もいれば、困惑するほかの文化の人たちもいる。音に関するろう者の知識を議論するときは、音を聞くということは自動的なことでも単純なことでもなく、学習され、文化的に定義された習慣によって形づくられるものだということを心に留めておくことが重要である。ある音の限られた特別な意味を知っていることは、音を聞くことと同じくらい大事なことである。

年配のろう女性がかつて私たちに、つい最近まで自分は、聴者は自分の声を聞くことができるということを知らなかったと語った。この女性は、聴者はお互いの声を聞くことができ、音によってコミュニケーションをすることは知っていたが、どういうわけか、聴者の能力について考えるとき、聴者が自分の声を実際に聞くことができるとは思いもよらなかったのだ。これで私たちは別のことを思い出した。ある友人が家具を両親の家に運ぶのを私たちが手伝ったときのことである。彼女の医師である聴者の父が、やはり引っ越しの手伝いに来ていた。著者のひとりのトムが家具の部品組み立てで格闘しているちょうどそのとき、この父親が何度もトムの名前を大声で呼ぼうとした。トムには父親の声が聞こえないだろうと娘に気づかされてやっと、この父親はいくら声を大きくしてもトムの注意をひくことができないのに気がついた。年配の友人は、聴者は「聞こえる」ということは知っていたし、この医師もろう者が「聞こえない」ということは知っていたが、どちらもお互いについて不完全な理解しかもっていなかったことになる。音についてのろう者の考え方、聴者がどのように聞こえているのかについてのろう者の考え方は不完全であるかもしれないが、聞こえないとはどういうことかを推測しなければならない聴者の考え方もまた、同じくらい不完全なのである。

聴者が、ろう者とは音が聞こえない者だと考えるとき、ろう者は音についての概念をもっていない、つまりろう者の世界では音はなんの役割も果たさない、果たすとしても、ろう者の音についての考え方はかなり歪んだものなのだと考えるのは間違っている。真実は、多くのろう者は音についてじつによく知っているし、音自体は——音がないということだけではなく——、ろう者の生活の中心的な役割を果たしているのである。

私たちはろうの子どもたちが音について学び、音と世界との関係をつきとめる方法について多くの思い出話を聞いたことがある。ある友人は、ろう学校の幼稚部時代に自分と友人とが関わっていた活動について私たちに語ってくれた。この少年のお気に入りの放課後の活動は、そのころ『ブラックホーク（Blackhawk）』と呼ばれていた人気映画シリーズを観ることだったが、この番組には都合のいいことに低音域で出てくるサウンドトラック音が入っていた（多くのろうの人たちにとっては、低周波数域はもっとも聞きやすい音であり、この音域からは彼らが聞こえる低い音のみならず、床や家具も振動する）。毎回の放送の後で、少年たちはそれぞれ自分の好きなリーダーといくつかの小さなグループをつくったが、このリーダーがじつに細かいところまで放送の内容を毎回再演した。放送を再演することで、少年たちは登場する人物を自分たちの中に取り入れて、他人に属していたものを自分たちのものにしたのである。友人は次のように語ってくれた。

物語を再演するのに人気の方法があったんだ。映画の最初の部分からはじめるんだな。両手を合わせて、それからゆっくり離していくんだ。それぞれの手が舞台の幕ってわけで、幕が開かれるようにね。序曲のまねでウォーと声を上げてうなりながらさ。次に映画のタイトルやクレジット（関係者名がロールで出てくるもの）を巻き上げるように表すんだ。ある子のがお気に入りだったんだけれど、ほかのみんなもそうだった。それぞれの回の放送を、俺たちの好きな細かいところまでつけ加えて、面白い話にしたててくれるんだな。やつのやる飛行シーンといったらそりゃあ最高で、パイロットが無線機に向かってどなるように命令を出すシーンや、飛行士が急降下で飛行機を傾けるときに体を脇に動かすシーンなんか完璧。それに飛行士とそのときの恋人のラブシーンをはじめて、そのときの映画に出ていたのとちょうど同じような会話の口真似をするんだな。まずパイロットが下を見下ろして、ぶっきらぼうにこの女性に話しかけはじめる。すると女性は口で答えるんだ。ほんものらしい言葉は出てこないんだけれど、それは実際に二人がどんな会話をしているのかやつにはさっぱりわからないからというだけのことだ。でももちろん、俺たちだってわからなかったんだけどさ。

やつが滑走路からどうやって飛行機を離陸させたか、覚えているよ。離陸のときには、腕の一方をあごの下に当てて叫び声を上げるんだ。そしてそっち側の手のひらで今度は片方の耳をすくうようなかたちをつくる。で残りの手を飛行機のかたちを表す手話にして、それを片方の腕の上におくんだな。それから（滑走路に下りるように）手を腕の上で動かして、（空中に離陸するように）腕の上の空間へと上げていくのだけど、そのあいだも飛行機の音を真似してうなり声を上げるんだ。手で耳のところをすくうようにすると、彼には自分のうなり声も今にも聞こえそうな感じだ。あいつのが最高だったよ。

別の友人は廊下で飛行機の空中戦を演じたことを話してくれたが、そのときには両手を使って飛行機をつくり、壁が滑走路になった。ひとりで飛行機遊びをすることもあったし、友達と飛行機のような手話を敵機に見立てて遊ぶこともあった。廊下は格好の遊び場だったが、それは子どもたちのうなり声が狭い廊下で反響音になって、音が飛行機にずっとよく似たものになるからだった。

ろう児たちのこうした遊びは、『第三の眼』の一部でも出てきた。自分の手を空中戦での飛行機のように用いる少年たちのように、俳優たちは海の嵐、船の難破、そしてヘリコプターによる救出の物語をつくり出した。ある俳優は、不規則に変わる波の上をヘリコプターが飛び、救命袋を紐の先につけて下ろし、遭難した乗客をめでたく救命袋に乗せてヘリコプターの上に吊り上げ、ヘリコプターがもっと安全な港まで飛んでいく状況を、手型をうまく組み合わせて見せてくれる。この物語は手話、つまり俳優の手の動きや手型によってのみ展開されるのだが、そのときには、俳優の集団がリズミカルに調和して動いている。しかし、俳優は、聴者の観客に配慮して、現実の子どもたちなら間違いなく入れそうなうなり声のサウンドトラック音は自制したのである。

さらに別の友人は、自分や友達（当時六歳から八歳くらいだった）が、少年寮の遊戯室に行って、自分たちが可能な限り大きな音を使うゲームをどのように考えついたかを話してくれた。あるゲームは誰が一番大きな音を出せるかという競争であった。彼らにとって「音が大きい」というのは、低音を大きくした音の意味である。私たちの友人はどこでいつ学んだのか思い出せないが、少年たちはどこかで、音を部屋の中心ではなく、隅に向けることで、音を大きくできることを学んだ。壁が共鳴室として使えたのだ。もっとよく音を出して音量を上げるために、少年たちは両手を合わせてカップのようにして、声を両手のあいだの狭い空間から部屋の隅に向けた。このゲームでは普通、最年長の少年が一番になった。遊戯室という限られた範囲で、限りない想像力を駆使して、少年たちは音の性質についてずいぶん多くを学びはじめたのである。

別の日には、少年たちは遊戯室の四隅に向かってワーッと叫ぶのにも飽きて、代わりに小さな椅子に座って、一斉に声を出してある決まった言葉を何度も何度も歌うように言った。そのひとつは「あ・し・た」である。これによって、音声をさまざまな仕方で出すことを学んだのである。別の思いがけない発見では、彼らは窓ガラスの上をコッコッ叩くことはすばらしく大きな音を立てることを知った。彼らは自分たちのできる限り多くの耳障りで騒がしい実験のさまざまなバリエーション、ワーワーいう声や、キンキンいう声、血も凍るようなぞっとする大声、壁を叩く音、窓がガタガタいう音を出し続けたが、最後にはついに聴者のカウンセラーが我慢できなくなり、怒って部屋に荒々しく入ってきて「なんてことなの、動物並みじゃないのっ！」と叫び、それで終わってしまった。

彼らのこうした行動は、この学校に限ったことではない。ほかの友人も同じようなゲームをして遊んだことを覚えている。壁に向かってワーッと叫んだり、床や窓ガラスをドシンドシン叩いたり、大きな音を立てて飛行機を発進させるために廊下を使ったりしたのだ。すべてのことは、学童期の子どもたちが世代から世代へと、学校が何マイル離れていようとものともせず、伝えてきた伝統の一部のように思われた。

これらの物語は、子ども時代の創意に富む力をまざまざと映し出すのとちょうど同じように、幼いろうの子どもたちが音に関わる活動についてどれだけ多くのことを学んだかを私たちに語りかける。少年たちは多くの実験から、音がどのように働き、音量と反響音が音の波を運ぶときに距離を越えてどのように影響し合うのかという一般的な知識のじつに多くを獲得しているのだ。

ろう児たちは、音についての知識を発達させる過程のある時点で必ず、音について学ぶべき重要なことのひとつが、音についての聴者の考え方だということを理解しはじめる。私たちの友人は遊戯室での実験の話をしたとき、ワーワーいう声や壁にキンキンいう声を思い出した際に、聴者のカウンセラーの反応、つまり「なんてことなの、動物並みじゃないのっ！」というせりふも言わずにはいられなかったのだろう。

『ろう者の遺産（*Deaf Heritage*）』という本に出てくるバーナード・ブラッグの思い出は、音は非常に深刻な問題にもなりうるのだということをろう児たちがいかにすばやく発見するのかのよい例である。

教室で自然に起きる大爆笑が、五年生の担任からの蔑むような叱責によって静まることがしばしばであったのは、生徒が不適切な時間に無作法であったとか、不適切なときに爆発したからというよりむしろ、この教師が、生徒たちが不愉快な、またはいらつくような、動物のような音を出したと言ったからだった。私たちは若くて分別が足りないから、私たちの笑い声が耳の聞こえる人たちにとってどのように聞こえるのかをたえず気にしていることがどんなに大切かという長い説教を聞かされた。私たちはそのときからずっと、鼻だけで呼吸する――口だけで呼吸をする――音を出す、出さない――などのさまざまな訓練をせざるをえなくなった。手を腹部や頭に当てて繰り返す。無理して完全に笑い声をコントロールできた人がほめられることはたびたびあった。そして「正しく」笑うことに失敗した人、すなわち「普通の」人のような音を出せなかった人はにらまれた。……私たちの中には以来、教えられた笑い方を忘れた者がいる。そして私たちのグループの二人か三人は、残りの人生において音を出さずに笑うことを選択した（Gannon 1981: 355）。

音について知ることとは、その音響的な性質を発見することのみならず、もっと大切なこと、音に付随している複雑な条件について学ぶことでもある。深夜まで続いたあるパーティで、私たちの小さなグループは生い立ちについての話をはじめた。そのグループの気安さから、話はどんどん個人的なものになっていった。このまたとない機会をとらえて、ある友人が、自分はじつは兄に大変に感謝しなければならないのだと公表した。私たちは彼を見つめて、待った。兄は……と友人はゆっくりとはじめた、自分にもっとも価値のあることを教えてくれたという。トイレで正しく小便をする方法を！

私たちは大爆笑し、それで友人はさらに話を続けることができると悟った。兄は彼にこう説明したのだ。お前はろうの子だろ、小便をするときにはこれでもかといえるくらいに用心しないといけない。あの流れを特定の場所に流し込むと、そのときの音は、そうとう迷惑をかけるものなのだと。常に向かう先は陶器でないといかん。友人が必然的な受け入れ先と考えていた、水のところに向けるのではないという。もしこうした責任を怠ったら、人々は彼を大変なけんまくで怒り、彼は恐ろしい目にあうだろう。彼は当時の自分の無垢な反応を目を大きく見開いて再現してみせた。そうした音がそれほど嫌な音とは夢にも思っていなかったし、ただ小便をするという行動なのに自分がそんなに非難を受けるなどという考えにぞっとしたのだ。

私たちは笑い疲れるまで笑った。彼が再演した目を大きく見開いた少年のことは誰もが知っていた。私たちの仲間だ。この中のみんなが痛みを伴う方法で、これと同じような経験をしてきていた。自分にとって合理的だと思っていたことがじつは破滅的な打撃につながる可能性をもっていると知らされたことがあるのだ。

ある女性はよく考えて、私たちはこれらのことで音が出るということを知らなかったのではなく、その音がどんな意味をもつのかを知らなかったのだと言った。私たちは大いにうなずいた。そして今度は彼女が自分の例を話した。ろう学校での四年が過ぎた後、彼女は〔一般の〕公立学校に転校した。彼女だけがろう児だった。そして運命の日がおとずれた。教室での静かなディスカッションの最中に、彼女はものすごい大きな音のおならをしたのだ。彼女は静かに思いをめぐらしていた。おならをすることが咳やくしゃみをすることと同じようなことかどうかもわからなかったのだ。もしおならの衝動が、咳やくしゃみと同じくらい切迫しているものだったり、身体的機能に関係するものなのだとしたら、これらは同じようなものだと彼女は考えた。それは音がするのだろうとは知っていたが、ほかの人たちが問題にするとは思わなかった。彼女はそう解釈した。少し後で、彼女は自分の推測が間違っていたと知り、恐怖に見舞われた。おならは咳やくしゃみと同じではなかったのだ。

消化器官の音について話した人たちもいたが、これは言い表せないほど悩ましいものとして悪名高いものである。ある大学生が、ある日、カフェテリアで並んでいるときに、ところかまわずゲップをするとまわりの聴者がそれによって自分の社会経済的階層を決めつけてしまうことを発見した。また胃がグーと鳴る音も、どんな音なら人に悟られてしまうのかが私たちにははっきりしないという点でも一致した。ノイズには衆目を浴びてしまうものがあるが、どれがそうなのか私たちには見当がつかないのである。そしてもちろん、反応がいつも信頼できる物差しだとは限らない。注目を集めるほど大きいのではないかと思われる音が胃から出ることもあれば、おそらくあまりにありふれていて、気づかれない音もある。それとも私たちは無言で非難されていたのだろうか？　どんな反応を信じたらよいのだろう。レストランで、ストローからチューチュー飲んだり、満足のいくまで完全に噛みつくしたり、お酒を飲み終わった後ゲップをしたりなど、やりたくて仕方がないのをどうやったらこらえられるかという経験談は、皆もっていた。自分ではかまわないと、発生して当然と思う音が、考えていたのとは違う意味をもっているのがわかったことが何度もある。

ろう者が聴者の中で生きていくためのコツは、さまざまな音にまつわる複雑な意味をはっきりさせることである。ろう者はこうした音について十分な理論を発達させているが、音の意味がまるでつかめないときもある。

以前、ある友人が語ったのだが、公衆トイレを使うときに何なら許されるのか彼女はさっぱりわからないという。少なくとも許される音もあるのは彼女もわかっている。というのは、完全に音のしない状態で用をたすのは不可能だからだ。問題は、トイレではちょっと尋ねるわけにはいかないということだ。たとえ親しい友人だとしても、「ねえ、すまないけど、便器に座るとき、どうなのかしら……」なんて訊けない。原住民のやり方を調査するやる気満々の学者といったユーモアたっぷりの彼女の描写から、彼女が本当に当惑していることがよくわかった。それなりの推測をして、難局を乗りきらなければならないことがある。彼女の場合には、どうしていいかあまりに不安だったため、もっとも安全な方法を選んだ。音がするようなことは何もしなかったのである。しかし、もちろんこうした解決策は功をなさなかった。彼女は音を出さないようにということが頭から離れず、公衆トイレを使えなくなってしまった。そしてある日のこと、彼女は正気に戻り、もう悩まないことにした。彼女は自分のしたいように（もちろん合理的な範囲で）したのである。音なんかくそくらえ！　ってなわけ。私たちは笑った。

友人グループの気安さで、聴者が音についてどんなに奇妙なことを考えているか、聴者のシステムを知ろうと自分たちがどんなに必死かを思うと、私たちは笑えた。とにかく大笑いをしたが、それはブラッグの物語が明らかにしたように、ほかの場所では音という問題は笑いごとではないからなのだ。

ろう者は、音の性質やそれについてまわる意味を学ぶにつれて、もうひとつの重い教訓に出会う。すなわち、音という領域は制御《コントロール》の問題と関わっていることが非常に多い。聴者が自分たちの生活の中心的な定義として用いるもの、すなわち音が、強力な制御の道具になるのは驚くに当たらない。そのもっとも興味深い例を私たちは大学のビデオ・コレクションの中に見つけた。物語は、話し手が全寮制のろう学校で寮母と初めて出会ったときの回想である。物語は少女が学校に新しい寮母が来ると聞いたところから始まる。この女性は女囚刑務所から転職してきた人だった。この時点で私たちは期待に微笑んだ。刑務所の看守がろう学校の寮母として雇われたという物語はよくある話だからだ。

新しい寮母は図体の大きい、ユーモアを解さない女性で、刑務所の看守気質が抜けきれず、看守の厚い革のベルトに、新しい環境ではなんの役にも立たないとじきわかる呼び子のついた重い鍵下げリングと淡褐色のユニフォームをまとっていた。彼女が少女たちを扱う仕方はやたらとぞんざいだった。毎朝、この寮母は優しく起こすどころか、寝室の天井のライトを点滅させ、少女たちのふとんをはぎ取り、少しでもぐずぐずしている子がいると、枕を頭の下から抜き取った。さらに悪いことに、この寮母は刑務所の看守の役割をシャワー室でも繰り広げたのだ。つまり、そこで少女たちの動きを逐一監視すると言い張ったのである。

こうした強い憎悪と容赦のないコントロールというイメージを伝えた後、話し手はこの物語の肝心な部分へと話を進めていった。

かわいそうになるくらい寮母がいびっていた女の子がいた。彼女は手話をするときに自分の声を無意識に使うタイプのひとりだった。彼女はキーッという声を出したり、ブツブツ言ったり、そのほかの小さな雑音を出すことがある。すると寮母は彼女に我慢できず、この少女は頭がおかしいと考えたのである。寮母は少女にやめろと大声で叫んだが、もちろんこのかわいそうな少女はやめることができなかった。これが彼女の話し方だった（ご存じのように、ろう者の多くがこれをする）……。ともかくこの寮母は、逃げ出すことだけが望みになってしまうほど少女の人生を惨めなものにしてしまった。私たちはこの少女に逃げ出すべきではない、なんとかしようと言った。まあ、そんなわけで、寮母に仕返しをしようと、ある計画を練りはじめた……。

私たちは次のような計画を思いついたのだ。餌を用意する。このかわいそうな少女をトイレに呼び出し、彼女にキャーッとかいろいろな悲鳴を上げさせるのだ。そうして寮母が彼女を追いかけてトイレに入ったところで、寮母をわなにかけ、私たちの行動を実行に移す……。私たちはトイレの中にいて、彼女に金切り声やあらゆる種類の変な音を出させた……そしてまさしく計画していた通り、寮母が彼女の姿を探し求めて廊下に出てきた。寮母がやってくる気配が感じられ、床がその一歩一歩ごとに震えた……。そして寮母はトイレに入ってきて、私たちには目もくれようとしなかったが、このかわいそうな少女を見据えた。少女はパニックに陥り、トイレから私たちの後ろを通って安全な寝室へ逃げようとした。計画の次の段階は、寮母を行かせて、この少女を捕まえさせることだった……。寮母は少女を追いかけて大きな寝室に入った。そこで私たちのグループの者が両側で待ちかまえていた。寮母は少女を追いつめ、頭の中にあるのは、このかわいそうな少女を捕まえることだけだった……。そして私たちの中のひとりが、足を伸ばし、寮母の身体は宙に舞い、ドスンという音をたてて床に落ちた。

復讐は完璧。寮母に不面目をしかけたわけだ。しかし、そこから物語は思いもよらなかった方向に展開していった。

どうにかこうにか、寮母が私たちにしたことの埋め合わせはした。私たちは喝采を叫び、大喜びした……だが、寮母がびくりともしないことに気づいた。かなり用心して寮母に近づいた。彼女は気を失ったのだろうか。さらに近寄った。すると彼女は頭を起こして私たちに声で語りかけようとした（なんて無駄なことを！　この女性はけっして手話を学ぼうとはしなかったのだ。こんなときでも私たちに声で話しかけようとし、私たちには彼女の言うことが理解できない）。こちらに向かって何やら口を動かし続けていたが、もう私たちはあきらめきっていた。ついに寮母は腕を上げ、手を床の上でだらんとさせた、手は腕からぶら下がっていたのだ。「手が折れてる」と私たちは叫んだ。

女の子たちは別の大人のところに駆け込んだ。寮母は連れられていった。三週間後、寮母は寮に戻ってきたが、腕にはギプスがはめられていた。そして子どもたちは次にいったい何が起きるかとわくわくしたのだ。

私たちはかつての彼女を待っていたのだ。しかし、そうした彼女は消えてしまった。代わりに、今度はもっとも愛すべき人々のひとり、素敵な情愛深い人になった。そしてもっとも驚くべきことは、彼女はその少女を愛したということだ。以前はすごく嫌っていたあの少女を。誰よりもこの少女を愛した。私たちにはそれが予測できなかった。

この物語はまっとうな結末になった。悪役はそれに見合った罰を受けた。たぶんちょっとひどすぎたかもしれないが、この罰はあがないになった。

ろうの子どもたちは囚人のようなものだ、つまり、悪くて、頭がおかしくて、劣った存在だという誤った印象をもっていたと、この寮母は別の寮母に語ったという。だが、寮母は私たちがみなよい子たちであるとわかったのだ……。かつて相手にして働いていた囚人たちよりもよく秩序を守っていて、ずっと賢いことを。この後、彼女は私たちを尊敬し、私たちを愛した。思うに私たちも彼女を愛した……。彼女は革のベルト、重い鍵のリング、そして呼び子を捨てた。彼女はしかるべき姿につまり私たちの母になった。*3

この寮母は少女たちに抑圧的な管理をしたけれども、寮母が受け入れがたい騒音を理由に少女たちのひとりに虐待をしたことで、少女たちは仕返しを決心したのである。この物語は形式ばっていない非公式のものと思われるが、大変力強い。それは、この物語がろう

*3　キャロル・パッデンとトム・ハンフリーズによる翻訳。

者がどのようにして力を取り戻すことを想像する力をもっているのか、どんなにささいな瞬間であれ、音を自分たちの手に取り戻すことができるのかを示しているからである。

ろう者は自分たちが音を使える数少ない状況を除けば、音は聴者のものだということを知っている。ブラッグの物語や私たちの友人たちがしてくれた思い出話が示しているように、自分たちが音について十分に理解していないなら、静かにしていなければならないことがしばしばあるのだ。こういった音のコントロールをめぐる競争から出てくる緊張の例に、「モーテル・ジョーク」という、私たちのコミュニティの古典として広く知られているものがある。その一例をお目にかけよう。*4

あるろうの夫婦がモーテルにチェックインした。彼らは早く床についた。深夜になって、妻が夫を起こして、頭痛がするから車のところに行ってグローブ・ボックスからアスピリンを取ってきてと頼んだ。眠くてふらついていたが、夫はなんとか起きて、ローブを羽織ると部屋を出て車に向かった。そしてアスピリンを見つけ、その瓶をもってモーテルに戻ろうとした。しかし自分の部屋がどこだったか思い出せない。ちょっと考えた後、夫は車に戻って、クラクションを押し、そして待った。すぐにモーテルの部屋中に明かりがついたが、一室だけはつかなかった。もちろんそれが妻の部屋である。夫は車の鍵を閉めて、明かりがついていない部屋に向かった。*5

このジョークは、自分の部屋を忘れてしまって難儀をしたろうの男性の物語ではなく、聴者を笑う物語なのだ。聴者は便利なことに、夫が部屋を見つけるのを手伝ってくれたのである。このジョークの主役は、聴者は音に対して異常に敏感だということを活用できることを知っていたのである。そして自分は得をし、彼らは損をしたのだ。想像される聴者の行動、たとえ深夜でも音に反応してしまうという行動が、このジョークをとても面白おかしいものにしているのだ。この主役のずうずうしさ、つまり自然に働いてしまう聴者の本能をえじきにする厚かましさは、ちょっとのあいだではあるが、スリル満点である。

音が聴者のものだということは、たいていの場合、疑問を呈されることがないために、こういったジョークや物語は、ある重要な弛緩をつくり出す。こうしたジョークは聴者とろう者の主客転倒をもたらし、音がろう者にとって得となるような世界をつくり出すのだ。よくできた物語の場合、聴者がその不合理な考え方のために後悔するはめになる世界

---

*4　ろうコミュニティのジョークについてのさらなる議論は、ラザフォード（Rutherford 1983）を参照。
*5　キャロル・パッデンとトム・ハンフリーズによる翻訳。

をろう者がかいま見られるように、ろうの語り部は一連の出来事をうまく配置する。

音《サイレント》がしないというメタファーが適切でない場合もある。聴者のさまざまな文化は、幾層もの意味の世界に秩序だてられていて、それらは聴者の言う「ハーモニー」「変奏」「共鳴」「不協和音」と呼ぶ概念を示している。多くの映画やテレビで、ろう者がギターやピアノの音を聞きたいと思い焦がれているという描写がされているように、多くの聴者は、ろう者は音楽を聴けないがゆえにそういった概念を味わうことはできないと考えている。音がないものとしてろう者を考えると、ろう者の生活のある面ではろう者がこうした概念を表現する方法を見つけている、ということがわからなくなってしまう。

このことを具体的に示すために、詩のコレクションから一例をもってこよう。文法的な内容だけでなく、リズミカルで繊細な印象を伝えるために手話の動きを操作する詩のひとつだ。クレイトン・ヴァリのシンプルなＡＳＬ詩、「風の強い明るい朝（Windy Bright Morning）」である。私たちはこれが一九八〇年にボストンで上演されたときに初めて見て、そのリズミカルなイメージに感動したが、このリズミカルなイメージは個々の手話のみならず、手話の中、また手話のあいだにある動きをうまく組み合わせているところから来ていた。

この詩は眠れないでいる状態と眠っている状態のはざまを表現し、窓と外の力とで始まる。

開かれた窓の向こうには
揺れる影法師、日の光、いたずら好きな
コツコツが　わたしの眠い目を起こしにやってくる

片方の手がカーテンを表すために使われ、ちょっと不規則だが不快ではないリズムで動く。

そよ風が私の部屋で踊っている
わたしにまとわりつくように、おじおじとでなく、柔らかに
今やそのときが来たのだ
そう、起きる時間だ！　そろりそろりと身を起こす
明るい日差しに目を射られ
キラキラした光が揺れるカーテンを通り過ぎていく

カーテンはわたしがろうだと知っているみたい。
光の存在は間違えようもない。手話の動きは光を中心にまわっているのだ。

わたしは立ち上がり、けだるく、その光を無視し
踊る空気にぞっとして
窓のところで感じたそれに
わたしはしっかり窓を閉める。そしてカーテンは動かなくなり、
そしてわたしの部屋は暗くなる。

不規則な動きが突然に止まる。すると部屋は静かになる。ヴァリがいつものベッドに戻ると、動きはゆっくりとした心地よいものになる。

ああ
ふとんの中に戻ると
眠い、喉を鳴らす、あったかい……

観客はヴァリのゆっくりとした手の語り方にあやされ、次の節への心構えができていない。

ところが突如、なんてこと！
カーテンが乱暴にはばたき
明るい、暗い、明るい、暗い、明るい
荒々しい風が窓を開け
なんて寒い、身を切るような風、カーテン、
嵐だ！

この動きは荒々しく、予想できないものである。これを経験した者を演じるヴァリは、目を見開き、緊急時だという感じで身体を動かす。

ゆっくりと起き上がり、そやつたちをなんとか静かにさせないと。

彼が窓のところに移動するにつれて、動きは、前は調和しない感じであったが、再び変

化して、ある秩序だったピントのあったかたちでひとつになる。

風とカーテンが優雅に楽しげに踊っている
明るい日差しが優しく私を引っ張り出す
ブラインドを上げなさいと
贈り物を開けるときのように。
あたたかな日の光がくすぐってくる
朝のそよ風がわたしと笑う……
すばらしきかな、この日の始まり*6

ヴァリの変奏は、手話の範囲内で動きを変えることによる。最初はトントンと叩くような日差しが後には刺すように変わって、次には力強くパタパタと震えたり、光と影でぎくっとするようなものになったりする。ヴァリが手話をアレンジすると、手話が次から次へと流れていって、柔らかな繰り返しのリズム、そして不規則なパタパタのスタッカートの断続となるのを、私たちは見る。ブラインドを閉めたかと思うと荒々しく開ける。詩の終わりは、別種のリズムになって、広がりのある柔らかさで、だんだんと大きくなり、包み込むようである。これが「贈り物を開けるときのように」の部分である。上演された詩を見た後もずっと残っているのは、さまざまな感覚の配置である。すなわち、調和と柔らかさとの連なり、混沌とした不調和な諸要素と調和のとれた結合部とのコントラストである。

エラ・レンツの「目の音楽（Eye Music）」は、多くのろう者にとってなじみのある経験を再構成した、日常世界のリズムを見つめたものである。この詩では、中心的なイメージは動いている乗り物の中から電線を見るというものである。レンツは、このテーマをまずは指を用いて電線を示すことからはじめるが、それから電線を音譜の五線譜に読み替えるのである。そして上がったり下がったりする電線に再び戻る。これを彼女は「目の音楽」と呼んでいる。

電線の目の音楽
楽譜かな
上がっては、ブルブル震えている線

＊6　カレン・ウィリスとクレイトン・ヴァリによる翻訳。

前後に揺れたり、下がったり
時と空間が過ぎ去っていくのと一緒に……

水平に走り上下に動く電線をあいだにはさんでいるのは、垂直に並んでいるスタッカートのように断続する電柱である。ひとつの電柱の後に二つの電柱が続くが、それがワン、ワン＝ツーというビートのドラムと同じ効果をもっている（図6・1、図6・2参照）。

目は耳
ピアノとフルートが電線
ときどきやってくる電柱はドラムなの！

そしてリズムの中の水平線の数が一本から五本になるのを示すためにレンツは手型を変えるのだが、そのあいだも電線のリズムは、保たれるのである。

図6・1　「ときどきやってくる電柱はドラムなの」

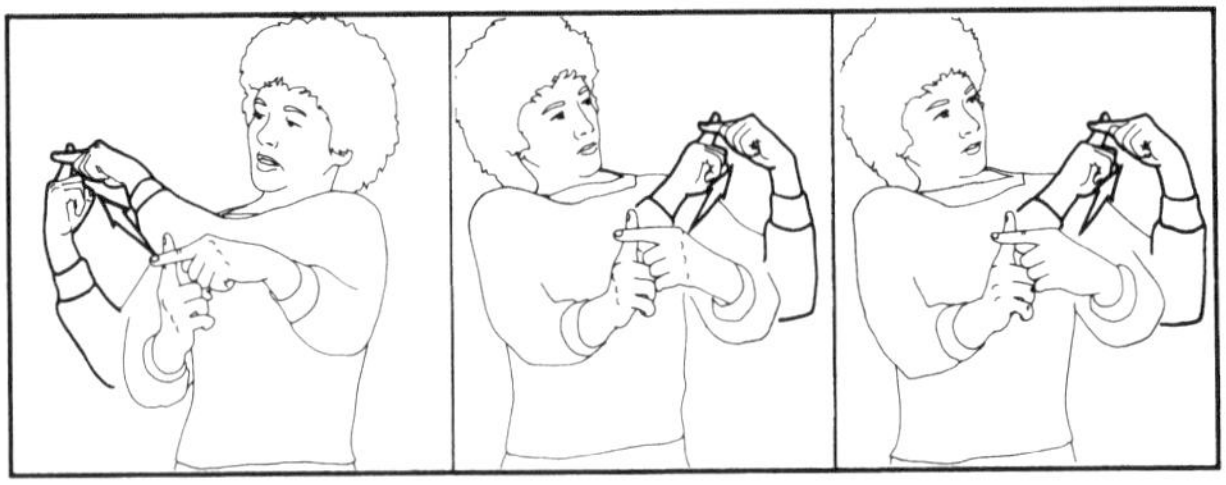

「電柱が近づく」　「二本の電柱がすばやく近づく」

ここにあてもなくさまよう太い電線がある
ほら！　五本が踊っているわ……
代わりばんこに高くなったり低くなったり
電柱のリズムも一緒になって。
また五本が一本になった
そして今度はたくさん
重なり合い、速くなり、今度はゆっくり……
目や胸にしみるほどの美しさ
いったい中では何が起きているんでしょう……*7

ヴァリと同じように、レンツもリズムのある変奏を演じている。柔らかくなったり、流れ出るようになったり、また速くなったり一瞬だったり、ぐーっと上に上げたり、下げたり、広がったり、止まったり。どちらの詩も外にある資源、つまり陽光と風、どんどん流れていく電線、そうしたものを取り込んでいるが、これらがはっきりと

図6・2

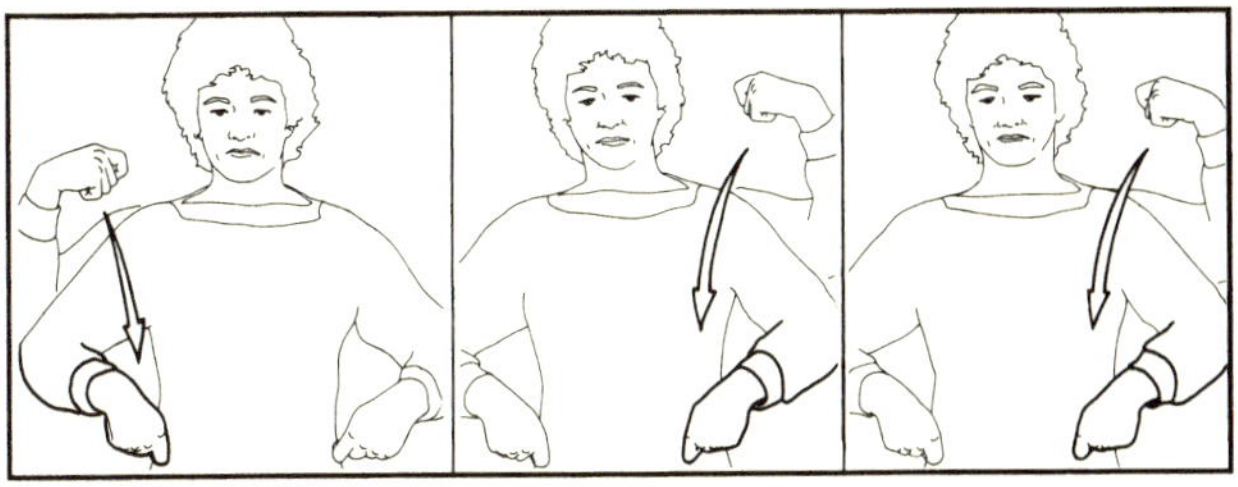

「ドラムを打つ」　「二つのすばやいドラムの音」

した仕方で進行中のリズムを壊す。そして経験者を演じる詩人たちは、手の動きに合わせたり逆の動きをしたりして反応する。

これらの詩では、手話の動きの構成および両手に連動した身体の動きの構成は、聴者の言いまわしを使うならば、静かというよりは騒々しくなっている。動きのそれぞれ異なる構成要素の対比と協同、たとえば身体のほかの部分の動きを伴った両手の動きなどは、ここでも聴者の言語を用いるなら、多声的な形式をつくり出している。

これらの詩は、音と同様、動きが調和、不協和、共鳴のような概念をどのように表現するかを示している。これらの動きが音のおきかえだとか、音の類似物だなどというつもりはない。これまで述べてきたように、音自体はろう者の生活に存在し、音はろう者が経験を体系だてる仕方の不可欠な部分なのだから。そうではなく、これらの詩は、ろう者自身の力、とくに動作と手話の潜在能力をどのように掘り進めることが可能かを示している。それらを掘り進めることにより、聴者が音楽に割り当てる領域の外延にとどまることなく意味の豊かな層をつくり出すことができるのである。

ろう者は、動き、形式、そして音を中心にして自分たちの世界を築き上げる。音がない《サイレント》というメタファーは、聴者がろう者とはこんなものだろうと信じているものを強調するので、聴者に対しては説明する力をもつ。しかし、これは、ろう者が知っていること、していることを説明する方法としては稚拙で、不適切である。ろう者の生活は、音がしないどころでなく、クリック音、ブンブンいう音、ヒューッという音、ポンッという音、わめき声、そしてブーンという音などでとても騒がしいのである。

*7　エラ・レンツによる翻訳。

第7章　歴史的創造物としてのろうの生活文化

　本書における私たちのアプローチは、ろうであるということ自体から、ろう者の生き方、ろう者の文化に注目点をシフトさせることだった。ろうであるとは何なのかについての新しい思考法を紹介するために、こうしたアプローチをしたのだ。しかし、こう言ったからといって、ろう者が聞こえないという事実を無視したり、聞こえないことがたいしたことではないと考えているのではない。それどころか、ここで大事なのは、耳が聞こえないという生物学的特性は、ろう者の文化や言語とじつに深く結びついているということなのだ。ろうであるということは、彼らの世界における所与の基本的な側面なのである。これが、私たちがろう者の生活を「いつもとは違った視座（異なる中心）」から見たいというときに考えていることである。

　ここで列挙した多くの物語は、ろう者が自分たち自身には「可能である」とか「可能でない」と思っている生活についての物語である。ろうであるということがこれらの物語で直接に言及されていなかったとしても、それは常に理解されているのであり、常に中心的なことなのである。たとえば、第2章では、聴者《アザーズ》が口話を使うべきだと考えていたために死にそうになった娘というぎょっとするイメージを俳優たちがありありと現出させる『第三の眼』のワン・シーンについて書いた。このシーンでは、俳優たちは、こうした生き方――手話を排除した口話の生活――は、ろう者には不可能だという集団的な直感をドラマ化している。苦しみの中にいる娘の絶望が示しているのは、自分たちとは異なった生物学的特性をもつ人たちのために意図された言語を使うよう強制されるというろう者の深い恐怖である。

聴者によって提示された生活に対する闘いというテーマは、何世代も続いてきた。

ロバート・マグレガー

ジョージ・ヴェディッツ（第2章参照）を撮影した一九一三年のフィルムシリーズでロバート・マグレガーが語る話は、ろう者にとって可能な生活についての聴者の思い込みを非難するものである。マグレガーは当時よく使われていた、無礼な民族的ジョークを引用することからはじめている。

紳士淑女の皆さん、私は「社会復帰したろう者」のことを聞くと、アイルランド人と蚤の話を思い出します。アイルランド人は体のあちこちで自分をわずらわせる蚤に、もはや我慢できなくなりました。蚤をなんとかしようとして、服を脱いで捕まえようとしますが、蚤を手で捕まえると、手を開いて蚤を見るものですから、蚤はまたジャンプして身体に戻ってしまうのです。アイルランド人は再び蚤を探さなければならず、捕まえると手を開いて蚤を見るので、蚤はまたジャンプして身体に戻ってしまい、そういうことが続きます。彼は蚤をけっして捕まえられなかったのです。この話は、ボストンにいる、あるろう者の男性というよく聞く話にそっくりです。聡明で、洗練されていて、聴者のように話し、間違えることなく読唇をする人がいたという話です。私たちはそんな話を聞くと「本当かい？」と言い、始発の電車に飛び乗って出発し、到着すると尋ねます。「彼はどこだい？」「いやぁ、間違えたみたいだ。ニューヨークに出かけたよ」「本当かい？」そこで私たちは馬に乗って急いで彼を追いかけました。「で、そいつはどこにいるんだい？　聡明で、洗練されていて、聴者のように話すやつは？」「ああ、そいつか、シカゴだよ」「畜生！」そして、私たちはまた電車に乗ってシカゴに戻りましたが、もちろん、そんな人はけっして見つからないのです。（蚤のように）彼はいつもどこかにいると考えられているのです。では、みなさんにお尋ねします。彼らが言っていたような、聡明で、洗練されていて、聴者のように話し、人々とあまり苦労せずに交われる人を見つけることはいったい可能なのでしょうか。そんな彼はいないのです！[*1]」

マグレガーは「ハンディキャップ」を乗り越えてめでたく聴者の世界に統合されたろう者、口話主義者たちの「社会復帰したろう者」という理想像をちゃかしているのである。「聡明で、洗練されている」人というのは、聴者が重要だと考える知的な話題を議論できる人のことである。「聴者のように話す」人は、聴者の言語を用いてたやすく会話ができるから賞賛を受ける、とされている。理想的なろう者とは、ただたどしかったり、うまく話せなかったりといった、コミュニケーションの面で人を当惑させるようなことをしない、「人々とあまり努力することなく交われる」人のことである。このぶしつけなジョークは、口話主義のプログラム、つまりろう者をまったくろう者に見えない人間にしようとする聴者の願いに対する怒りの返答なのだ。

ろう者はほとんど常に聴者の世界で生活しなければならない。こうしたろう者に特有の

＊1　キャロル・パッデンとトム・ハンフリーズによる翻訳。

社会条件は、彼ら自身の願望、すなわち聴者によって課せられた生活ではない、自分たちが主体となった人生を生きたいという願望にたどりつく。

一八五〇年代、ろう者が自分たちだけの居留地に引っ越せば、おそらく聴者から離れてのびのびできるという考え方について、議論が短期間ではあるが噴き出したことがあった。ジョン・ジェイムズ・フローノイというろうのジョージアの土地所有者が、「私たちに特有の必要や私たちの福祉に欠かせない諸条件は、いまだ知られていない、あるいは提供されていない」（Flournoy 1858: 150）から、「西部に」独立したろう者の国をつくろうと主張した（1856: 122）。ろう者には別の国家、「政治的に独立した主権国家」（1858: 142）が必要だと訴えたのである。

エドマンド・ブース

この提案は、人々のあいだに活発な議論を引き起こしたが、その多くは『アメリカろうあ年報（*American Annals of the Deaf Dumb*）』（一八五六－五八）の編集人に寄せられた手紙の中で闘わされた。ろうの指導者の多くはフローノイを嘲った。ろうの住民は聴者の息子や娘、聴者の兄妹をどうするつもりなんだ？　こうした者にはこの国の土地の私的所有を禁止するつもりかね？　フローノイはこの国を維持していくために必要な歳入をどうやって集めるつもりなんだ？　最初に通り雨のように多数の手紙が殺到し、ほどなくこの計画は挫折した。しかしフローノイの計画を馬鹿げたものだと考えた人たちでさえ、ある種の居留地という前提については前向きに議論したのである。たとえばエドマンド・ブースは、この議論でフローノイの主な好敵手のひとりであったが、自分もまたろう者のコミュニティの設立を熟考したことがあると認めたのである。

ろうあ者のコミュニティをもつという考えは、私には新しいものではない。一八三一年に、ウィリアム・ウィラードと私も含む五、六人で、西部のどこかよいところに土地を買い、そこで一生、隣り合って暮らすという目論見で、団体をつくったことがあった。私たちの目的のひとつは、本拠地をつくって、そこの周辺や内部に時が経つにつれて私たちの仲間が集まってくるというものであった（Booth 1858: 72–73）。

ブースはろう者が互いに友人となるのみならず、互いの隣人ともなり、一緒に文化だけでなく社会もつくることの必要性を認めていた。先の年報の編集人であるエドワード・

アレン・フェイも同じような考え方をもっていた。「私たちの意見の中でもっとも実現可能性がありそうなのは、二、三人あるいはそれ以上の数のろうあ者で、資力もあり、こうしたことを実行する能力もある人たちが、自分たちで数千エーカーの土地を選んで買って、実際の住民になりそうなろうあ者やその友人に低価格で売るというものである」(Fay 1858: 140)。ブース同様フェイも、ろう者が家族よりも大きな集団、すなわちろう者がろう者の隣人たちの中で生活できる、少なくともある種の町のようなものの必要性を理解していた。

フローノイは完全な分離主義という点では、支持をまったく得られなかったに等しかった。それ以降、ろう者の国家という提案がなされることはなくなったが、小規模な政治的な自己決定権が欲しいという話は無数になされるようになった。*2 フローノイの提案は、極端であるのみならず、おそらくは彼がエキセントリックで「常軌を脱している」(Fay 1884)と見なされていたために、ほとんど共感を得ることができなかった。

しかしフローノイの大胆な提案でもっとも興味深いのは、ろう者は必要性ゆえにひとつにまとまるべきであり、そのやむにやまれない状況、また切実性は、国家のような強い政治的具現化を通じてしか満たされえないものであるとフローノイが主張していたことである。フローノイの「特有の必要」という言いまわしは、エスニック集団とは「原初的属性（primordial attachments）」によって結びつけられた集団であるというクリフォード・ギアーツの記述を思い起こさせる。エスニック集団の共有された特性は社会的相互作用でなく、「自然の感覚――精神的なものと言う人もいるが――親近感に由来する」（Geertz 1973: 259–260）。エスニック集団は、たんに階層や職業、またそのほかのちょっとした関心を共有する集団と異なり、宗教や言語といったより基本的な人間的特性を共有している。エスニック集団は、国家としての単位、あるいは何らかの政治的自己決定を要求することがしばしばある。フローノイの時代のろう者たちが国家をつくろうとは思っていなかったとしても、ある種の居住地を提案したという事実は、ほかのエスニック集団とまさしく同じような感情をもっていたことを示している。

友人たちから聞いた二つの逸話が、いわゆるろう者に「特有の必要」についてヒントを与えてくれる。友人のジェリーは、教員実習プログラムの一部として、ある都市の中心部にある公立中学校のろうの生徒の小さなクラスで読み書きを教えることになった。子どもたちはいわゆる「メインストリーム教育〔一般の地域の学校での教育〕」の生徒で、伝統的な

＊2　これについては、Winzer (1986), Crouch (1986, 1987), Coulter (1942) がさらに議論を深めている。

全寮制プログラムの生徒たちではないため、ほかのたくさんのろう者たちを見たことがない、ろうの大人を見たことがない子さえいるのではないかとジェリーは予測していた。ジェリー自身は、そうした学校に小さいころは通学していたことがあったが、数年後、ろう児のための全寮制学校に兄と一緒に入った。ジェリーは、公立学校でのあの感じ、つまり自分の交友関係が狭く見えるという感覚を覚えていた。自分で学校の中を、また教室から学校の外の社会生活へと自由に動きたいと思っていたが、学校は聴者に属していることをジェリーは理解していた。ジェリーは特別な生徒にすぎなかったのである。

しかし、ジェリーは自分が受けもつ新しい生徒たちと自分を同一視しているあいだは、生徒たちのジェリーに対する反応にどうしてよいかわからなかった。「自分にこんなにも話しかけたがる生徒の集団をこれまで見たことがなかった。私にできたのは、自己紹介をして、彼らに手話をすることだけだったが、彼らはすぐに私の虜になった。彼らは何日ものあいだ、私の後をついてきて私と手話をする口実をいつも探していた」。ジェリーはもっと話をしてくれ、もっとおしゃべりしてくれという彼らの要求に喜んで応じていたが、異様なまでの自分に対する関心にはおどろいていた。

別の同僚のサム・スパラは、ASLに接していない幼いろう児の小さな集団における手話の発達を調べる研究プロジェクトを実施した（Supalla 1986）。子どもたちの教師は、人工的につくられた教育用手話システムを用いており、このシステムを使っている聴者の親をもつ子どももいたが、実験に先立って、クラスメートも教師も、ＡＳＬには接していなかった。サムは自分が初めて手話で子どもたちに自己紹介をしたときのことを覚えている。サムを見て子どもたちは動揺した。子どもたちがサムに「どっと襲いかかってきて」、ひとりひとりがサムに大声で呼びかけ、サムの関心をひこうとした。そのときは、サムはなぜ子どもたちがこんなにも強く反応するのか十分に理解できなかった。子どもたちがサムを自分たちと同じ、ろうの人だと思ったからではない。なぜなら、多くの子どもたちがろう者の見分け方を知らないことをサムはすでにわかっていたからである。たとえば、ある子どもは、自分の聴者の母親を手話を使うからろうだと言ったのである。

ジェリーとサムの話に出てきた子どもたちは、たんに新しい訪問者が教室にやってきたから興奮したのではなかった。二人は子どもたちが「強い興味をもち」「心を奪われていて」「何かにとりつかれているようだ」と描写していた。こうした逸話を聞くと、私たちはド・レペ神父の話にある暗闇の道の果ての光（第２章参照）を思い出す。つまり、手話者のコミュニティのかたちをとって一時的に出現した安堵感である。

こうした逸話は、明らかに現代的な設定のもとで起きている。「ろうあ院」や全寮制の学校についての人々の考え、また教育についての費用負担の考え方の変化は、ろう児が教育を受ける仕方に大きな変化をもたらした。ヴェディッツの言う口話の闇の世界、教育者たちが手話を制限しようとした世界は、「メインストリーミング」の不確実な世界、つまりろう児たちが別種の疎外化に直面するような世界に道を譲ったのである。

公法九四－一四二条、つまり一九七五年の全障害児教育法は、ろう児たちは自分の学区の教育を受ける権利をもつと宣言している。「障害者をより大きな社会に統合する」という考え方は、もともと魅力あるものであるが、メインストリーミング運動はろう児の教育で混乱を引き起こしている。その結果のひとつは、政府予算が全寮制の学校から学区の学校を支援する方向に移ってきていることである。学区から子どもを連れ出して全寮制の学校に送り込むようなことをした場合には、学区に罰金が科せられる州もある。この法律のもとでの一〇年間、かつては五〇〇人もの生徒が在学した全寮制の学校が、一五〇人という少人数の学校になってしまったりしている。公立学校に在学するろうの子どもの数は増えているが、公立学校の数はあまりに多いために、どの学校でも一校ではごくわずかのろうの子どもしか在学していない。さらに、公立学校は、全寮制の学校に勤めていたような人々を雇用するよりは、すでにいる人々を使うほうがより経済的だと考えがちである。また、公立学校がろう者のコミュニティのニーズに理解を示すということはあまり考えられない。公立学校でろう児のメインストリーム教育を行っている学校の多くは、周囲のろう者のコミュニティと最小限度の関わりしかもっていない。こうした変化の結果として、教室の中でごくわずかのろうの生徒とだけ集団をつくるしかない多くのろうの子どもたちが、ろう者には会ったこともない、ＡＳＬを見たこともないという事態になっている。ジェリーやサムの話が私たちに語りかけるように、こうした「メインストリーミング」の新しい社会的な秩序は、ろうの子どもたちに新しい世界を提示する代わりに、子どもたちを新種の隔離へと連れ出しているだけなのかもしれない。

人間の子どもは言語を学ぶ先天的な能力をもち、意味の世界をつくり出す力をもって生まれてくる。しかし、子どもたちは自分以外の言語の使用者にも依存している。人間の言語発達モデルは、それぞれの子どもは自然言語を学ぶことができる成人モデルを提供する環境のもとに生まれてくると仮定している。しかし、聴者の家族に生まれてくることの多いろう児たちは、こうしたモデルを利用できない。ろう児は両親や隣人たちの音声英語が聞こえないし、ろうの手話者たちからも隔離されている。

一九七七年にスーザン・ゴールディン＝メドウとヘイディ・フェルドマンは、ほかの手話者から隔離されている就学前の重度のろう児の集団をビデオで撮影することに着手した。自分たちのようなほかのろう児との限られた接触以外は、この子どもたちは両親の音声行動だけを見ていることになる。子どもたちの両親は手話を使わず、子どもたちの学校は教室内での手話の使用に反対する方針をとっている（Goldin-Meadow and Feldman 1977）。

手話者と接触がないことや、口話を使うようにという両親の強い勧めにもかかわらず、子どもたちはまず初期の一語ジェスチャーを、それから人々、もの、行動を表すための一連のジェスチャーをつくりはじめた。ゴールディン＝メドウとフェルドマンは、一七〇〇年代のジャン・マシューの家庭で起きたのと同じようなことを現代の世界で観察したのだ（第2章参照）。マシューが説明しているように、マシューや彼のろうの兄姉は、手話を互いに「意思を伝える」ために発達させたが、「教育を受けたろうあ者」の手話を初めて習ったのは、学校に入ってからであった。ゴールディン＝メドウとフェルドマンは、ろうの教師がよく目にする新入生の幼いろう児の「ホーム・サイン」を、自然言語モデルからのインプットを欠いた状態で発明されたジェスチャー・システムだとしている。

ゴールディン＝メドウとフェルドマンが調査した子どもたちのジェスチャーの多くは、子どもたちの周囲の人間の動作のばらばらな断片からなっている。たとえば、指さしジェスチャーや不承認を示す手を横に振る動作などである。しかし子どもたちはそのほかの動作も利用している。フェルドマンはある幼い少年のところを訪れるたびに、この子の手を握ってその少年を喜ばせていた。すぐにこの子どもはあるジェスチャーを生み出した。つまり、手を握る動作をフェルドマンの「名前」にし、両親にフェルドマンのことを言うときにそのサインを用いたのである。またその子どもは、広口瓶の蓋をひねって開ける動作を「広口瓶」を意味するジェスチャーとして学んだ。子どもたちは自分のまわりのもの、たとえばボールから鉛筆にいたるまで、その大きさとかたちを模倣するために両手を用いた。

マイランダーとゴールディン＝メドウ（Mylander and Golden-Meadow 1986）の指摘によれば、子どもたちのジェスチャーは、聴者が子どもたちの言うことを理解できなければいけないので、恣意的であったり、意味のないものであったりすることはありえないという。こうしたジェスチャーの明らかに絵のような性質――たとえば、広口瓶のひねり動作やボールのかたち――は、大人たちを子どもたちの世界の内部に導くのである。ゴールディン＝メドウは、両親がジェスチャーの使用を喜ばないにもかかわらず、その多くが子どもたちのジェスチャーを理解し、子どもたちとそれを使ってさえいると報告している。これらのジェスチャーは、くだらない発明にすぎないどころか、子どもたちが自分の周囲にある文化的な世界に参加するための道具である。さらにゴールディン＝メドウとマイランダー（1984b）が説明しているところによれば、子どもたちにとってジェスチャーはコミュニケーションの主要な道具であり、子どもたちは口話（話し言葉）をほとんど発達させず、自分たちの話し言葉をジェスチャーと同じ程度には用いなかった。

ある子ども、仮に彼の名前をデイヴィッドとしよう。この子はとくにジェスチャーをたくさんつくり出していた。デイヴィッドが二歳一〇か月のときに開始された調査の二年間に、彼は多くの場合、一命題の単純な文をつくったが、約三五〇のもっと複雑な二命題文もつくり出している（Goldin-Meadow 1982）。デイヴィッドの両親は子どものジェスチャーのいくつかをコピーし、それを組み合わせたものをデイヴィッドに使っていたが、デイヴィッド自身の生み出したものは、ジェスチャーの数でもそれを組み合わせて文章にする能力の意味でも、両親をはるかに凌駕していた。

デイヴィッドの到達度はすばらしいが、実際、聴者の家族に生まれたろうの子どもに見られる独立した発明現象は珍しいものではない。非常に多くのろうの子どもが同じような蓄積をもって学校にやってくる。ほかの子どもたちよりもずっと豊かな蓄積をもっている子もいる。

このような発明されたジェスチャーが話し言葉と同じものではないことはすぐに理解できるが、これらが自然の手話言語とも異なっていることを記しておくことも重要である。発明されたジェスチャー・システムは、ある範囲の文法構造、たとえば受動文の構造や与格を示す動作など、自然言語に見られる性質を欠いている（Goldin-Meadow 1982）。つまりジェスチャー・システムは、単純な文法に依存しているのだ。加えて、デイヴィッドは初期の形態論的システムを発展させたように見えるが、デイヴィッドのレパートリーにはASLに見られる複雑な形態が欠けている。思うに、ASLの言語のある形態は言語モデルからのインプットに依拠したもので、孤立した状態ではつくり出されないものなのだろう(Mylander and Goldin-Meadow 1986)。

もうひとつ重要な違いがある。自然の手話言語は、音声言語と同じように、歴史をもっている。それらは、手話者または話者の世代から世代へと伝えられていく。しかし、発明されたジェスチャー・システムは、聴者の両親の豊かな話し言葉にも、ろう者の人々の豊かな手話言葉にも関連をもたない、ばらばらなものからつくり出される。デイヴィッドのようなケースですばらしいのは、これはひとりの人生においてひとつの言語を発明する試みを示す例だということである。この試みは、人間が言語をいかに強く必要としているかを示すものだ。しかしどの個人も、それがド・レペ神父であれ、手話の「発明」に対してこの神父に与えられているすべての名声をもってしても、いく世代もの利用者によってつくられてきた言語の生産性や複雑性にはかなわないのである。定義によれば、言語とは、歴史的につくられるものであって、個人によってつくられるものではないのである(Clark and Clark 1977)。

デイヴィッドや、聴者の両親をもつほかのろう児の発明が示唆するのは、少なくとも、聞こえないことが、ろう者が自ら形づくっていく生活においてある役割を果たすに違いないということである。個々のろう児の生物学的な構築物と文化とのあいだに一致があるとしたら、これらの発明は必要なかっただろう。聴者の家族のもとに生まれた聴児は音声言語を学ぶのに特別な環境はいらないし、ろう児のようなジェスチャーを発明することもない。ろうの家族のもとに生まれたろう児は新しい形式を発明する必要はない。なぜなら、家族の手話で十分だからである。聴者であれろう者であれ、どちらの場合も、その集団の文化と言語は、その集団の生物学的特性に合わせるために何世代もかけて進化したものである。

ろう児にとっては、彼ら特有の生物学的特性に合っていない世界に生まれることがおそらくもっとも大きなリスクであろう。スウェーデンで進行中の社会実験は、聴者の家族のもとに生まれたろう児たちが言語から隔離されるのを避けるために、政治的な資源をどう利用できるかについてのひとつのあり方を示している。スウェーデン政府は、ろうコミュニティとろう児をもつ親たちの提案に基づいて、近年、スウェーデン手話をこの国の公用語として承認した。ろう児をもつ親たちはスウェーデン手話のクラスを受講することが必要とされ、政府はスウェーデン手話を用いるろうや聴者の保育士がろうの幼児の面倒を見るデイケア・センターに援助している（Wikstrom 1987）。アメリカ合衆国には、言語能力で遅延が見られる幼いろう児に「治療的」ＡＳＬを教える小学校レベルの教師がいる。子どもたちは手話を分析したり、自分たちで手話による物語をつくったりする簡単な訓練によって、手話の技能を高めるだけでなく、読書のようなほかの種類の分析的言語の課題にアプローチする準備ができることを、教師たちは証明した（Marbury 1986）。こうした実験はどちらも、伝統的な解決策、つまり口話や話す技術を教えることから、ろう者の資源――彼らの手話と社会的実践――を用いる解決法へと、重点をシフトさせる。

ろう者の生活として考えられる範囲は非常に広く、さまざまなコミュニケーション戦略がそこに組み入れられている。本書で私たちは、音声言語でなく手話言語を使用する実現可能な生活を描いてきた。アメリカ合衆国の例はひとつの解決法にすぎず、ほかのたくさんの解決法がある。たとえば、イタリアのろう者も手話を用いるが、アメリカ合衆国のろう者以上に目立って口型と読唇とを用いる。イタリアのろう者が口型で示すのは、人名、地名、そのほかのイタリア語からの借用語であるが、アメリカ合衆国のろう者なら、それらを英単語の指文字で示すか、手話に変える。イタリア人の側からすると、アメリカ合衆国のろう者は「ほとんど口を動かさず」「指文字が速い」。デンマークのろう者はデンマーク語を表すために指文字を用いるが、これは口型で示された母音と子音の曖昧さを明確にするものである。このシステムはデンマークの手話と一緒に用いられる。そして、まだ記述されていない別の解決方法もあるのに違いない。しかし、これらの実現しうる生活はどれも共通して、文化を形成する個々人の決定的な生物学的特性を組み込んだものであろう、またそれらはすべて歴史的に、すなわち、何世代にもわたる手話の使用者によってつくり出されたものだろうと、私たちは信じている。

ろう者の過去を無視し、直接的にせよ間接的にせよ、彼らが歴史的につくり出してきた解決方法を取り去ろうとする生活は、いくらろう者のために提案されたのであっても、実現可能な生活ではない。世界中の聞こえない人たちのコミュニティで見られる、広く行きわたった発明は、自然な手話言語である。ろう児がろう者との接触を拒否されている場合、また手話を学ぶことを妨害されている場合、ろう児は同じようなほかの人々によって彼らのためにつくられた解決法の歴史へのアクセスを失ってしまう。

ろう者の文化を学ぶことで、文化全般、および人間とその文化の特性がもつ関係についての興味深い視野を得ることができる。言語や文化の獲得をめぐるほとんどすべての記述において、子どもたちは人間の言語の成人モデルを利用すると仮定されている。子どもたちは、歴史的に進化してきた世界の解釈へのアプローチに、両親がもつ意味体系に接近するとも仮定されている。そして、どのように会話をするか、そのほかの社会的な交渉をどのように行うかというような、公共の生活の諸問題について両親がもっている集団的解決法を利用すると仮定されている。しかし、ろう者のおかれている状況はこれと対照的である。子どもたちの生活の多くには、過去との断絶が存在するのだ。多くのろう児たちが手話とろう者の文化を発見する以前に経験する孤立と収奪――そして長い闇の後に言語と文化を発見したときの光の感覚――、これらのおかげで私たちは、過去と結びつけられることがいかに大切かをはっきりと理解することができるのである。

ろう文化は、人間存在の奥深い要求と深い可能性とを示す力強い証拠である。何世代もの手話者たちが、人間の言語を求める闘いから、詩や物語を取り出すことができるまでに手話を豊かなものにした。彼らは世界を解釈し、了解する闘いから、どのようにして世界における自分たちの位置を理解するのかを説明する意味体系をつくり出した。これを伝えていく糸がとぎれとぎれであったり、弱かったりしても、また社会的条件が世代を経るうちに変化したとしても、ろう者の文化がもちこたえてきたということは、言語と象徴を求める人間の基本的要求の持久力を証明している。

訳者あとがき

本書『「ろう文化」案内』の原書（*Deaf in America: voices from a culture*）を最初に手にしたのは、森亜美のほうである。森壮也が職場の派遣でロチェスター大学（ニューヨーク州ロチェスター市）に留学していたとき、亜美は聴講生として別の学部のASL（アメリカ手話）クラスにいた。アメリカでは手話はフランス語や中国語などと同様に外国語のひとつであると認められつつあり、大学でも選択可能な語学カリキュラムのなかに組み込まれているところが増えている。日本の場合は手話の学習というと、「講習会」という言い方をされて、福祉またはボランティアのカリキュラム内に組み込まれていることが多い。それはいまだに日本手話が言語として社会的な認知を得られていないという遅れた状況の反映だろう。

外国語を学ぶには当然、その国の文化を知る必要がある。亜美のいたASLクラスでも、ろう文化を学ぶためにと、講師（ろう者で、ASLTA講師資格をもつ。ASLTAはアメリカの手話講師の協会で、手話の教授法の研究やワークショップ、資格認定などを行っている）は『「ろう文化」案内』を読むことを生徒に課した。ちなみに本書は、アメリカの大学などの手話のクラスでは必読文献になっており、コンパクトでありながら深い内容の本として高い評価を得て、現在も版を重ねている。

壮也のほうも現地での数多くのろう者との触れ合いを通じて、あらためて日本のろう文化の意義を見直すことができた。そして日本に帰国する際に、現地の友人たちに日本語に翻訳すべき資料をたずねると、誰もが推薦してくれたのが『「ろう文化」案内』だったのである。ふたりは、アメリカでの生活の中で、ろう者として現地のろう社会にも受け入れられ、多くのことを学ぶことができたが、その中で感じたろう文化の豊かさ、広がりといったものを紹介できる本書を、なんとか日本で翻訳をしたいと思った。そして、当時、晶文社にいた小尾章子さんに相談を持ちかけたしだいである。小尾さんはたまたま職場の元同僚で、さらに加えてろう者にかかわる本としてオリバー・サックスの『手話の世界へ』（晶文社刊）の編集を手がけたこともあった。その後、さまざまな事情で翻訳作業が大変に遅れてしまったあいだに、九州に行くことになった小尾さんの後の編集担当を同社の川崎万里さんが引き受けてくださり、やっとこの本が日の目を見ることとなった。ここまで長い年月をかけてしまったのは、仕事や子育てに忙しかったから、というと言い訳になる。それよりも、ろう文化の様子にはなじんでいるものの、自分たちの翻訳技術の未熟さと怠慢ゆえだろうと思う。

訳を進めていくうちに、著者がろう者でありながら、ろう文化について主観的になら
ず、客観的に解釈していることにあらためて気づき、感心した。

キャロル・パッデン教授は、言語学の分野で最初に博士号をとったろう者としてアメリカで広く知られている。ワシントンDCにある世界でただひとつのろう者のための四年制大学であるギャローデット大学の教員だったろうの両親の二番目のろうの娘として、一九五五年に生まれた。ギャローデット大学内の小学校を経て、一般の小学校に編入し、一九七八年にワシントンDCのジョージタウン大学を卒業。同年から一九八二年までカリフォルニア州ラ・ホヤにあるソーク研究所で、神経言語学の第一人者アーシュラ・ベルージ、分離形態論や関係文法などで知られるデイヴィッド・パールマターといった人たちの下で研究助手をつとめ、八三年にカリフォルニア州サン・ディエゴ校で博士号を取得後、研究助手などを経て一九八三年以来、母校のコミュニケーション学部で教鞭をとっている。

パッデン教授の研究領域は、手話の言語学の中では、形態論から統語論まで広範にわたっているが、手話動詞の研究や指文字の位置づけの研究、アメリカ手話の語彙における外来語の研究などが大きく評価されている。たとえば、指文字の研究では、従来、音声言語の代替物として低い認識しか与えられていなかった指文字が、じつは手話の文法の体系にそったものであること、音声言語ではなく、むしろ手話として分類されるべきことなど

を明らかにした。外来語の研究では、こうした指文字が日本語のカタカナに相当するような存在であること、手話にも音声言語同様にコアの語と外来語のような語があり、それは指文字以外でも見られることなどを、手話音韻論の第一人者パデュー大学のダイアン・ブレンターリ教授と共に明らかにした論文を発表している。さらに、応用言語学的な研究としてろう者のバイリンガリズムや、最近では、ろう児の読み書き・識字の研究も精力的にされている。

夫君のトム・ハンフリーズ氏はユニオン大学院で比較文化と言語習得の分野で博士号を取得したあと、パッデン教授と同じカリフォルニア大学サン・ディエゴ校のコミュニケーション学部で専任講師として教鞭をとっておられる。夫妻の共著には、本書の他に、アメリカ手話のテキストである *A Basic Course in American Sign Language*（一九八〇）と *Learning American Sign Language*（一九九二）もある。また夫妻は、サン・ディエゴ地域のろう者のコミュニティの協会の理事やギャローデット大学の評議員会の副議長をつとめるなど、ろう者のコミュニティのためにも活躍されている。

パッデン教授はわが国には一九九八年と二〇〇〇年の二回、来日している。初回はご夫妻で来日し、教授は早稲田大学で開催された国際応用言語学会でゲスト・スピーカーとして「手話の言語学的研究の実際的応用」という題で基調講演をした。さらにＮＨＫの「聴力障害者の皆さんへ」の番組出演や、日本で唯一のろう者のための国立の三年制短期大学である筑波技術短期大学（現在は四年制の筑波技術大学）で講演した。次の来日の際は、札幌で開かれた「第十二回ろう教育を考える全国討論集会」で「手話コミュニケーションを基礎とする読み書き能力の獲得」という題で講演した。ろう児の読み書きとバイリンガリズムにとって手話がどれほど大切であるかを、言語学の立場からChaining（手話と指文字、板書の繰り返し）をキー・ワードに話され、日本のろう者、ろう児をもつ親、またろう教育関係者に大きな感銘を与えた。

亜美は、夫妻に会った日のことを覚えている。その日は特別に厳しい暑さの日で、夫妻は「日本はこんなに暑いのか」と驚いていた。パッデン教授の知的な顔、明朗なＡＳＬに亜美はみとれた。女優のジョディ・フォスターに似た顔立ちで、ともかく、聡明な女性であった。聴者の学校出身ということで、家ではろう文化、外では聴者文化とふたつの文化を知っており、また、その聡明さゆえに、内容的にバランスのよい『「ろう文化」案内』が生まれたのだと思う。

夫のハンフリーズ氏はパッデン教授よりかなり年上と思われたが、口数少なく妻を温かく見守っているナイトという感じの紳士だった。

壮也が最初にパッデン教授に会ったのは、一九九五年ニュー・メキシコ大学で開かれたアメリカ言語学会の夏の言語学講座のときである。二年ごとに開かれるこの一か月半の講座は、欧米の一流の言語学者たちの講座・講演が目白押しという言語学徒にとっては夢のような期間なのであるが、この年はとくに手話言語学の講座がたくさん設けられ、パッデン教授も講演をされたのである。手話言語学の世界ではビッグ・ネームの彼女に初めて会えただけでも感激であったが、その後の懇親会で親しく話をし、自分の日本の手話言語分析のテーマについての話を聞いていただいた。その後、偶然にも夫妻の来日時に日本手話／アメリカ手話の通訳としてアテンドをした関係で、研究上の相談などでコミュニケーションをとらさせていただいている。今回、日本語版の出版にあたってご夫妻からすばらしい序文をいただくこともできた。本当に感謝している。

文中に登場する登場人物の氏名の読み方については、日本ASL協会理事長の野崎留美子さんにも在米（二〇〇三年当時）のお立場で助言をいただいた。また、東京大学先端科学技術研究センターの長瀬修先生（二〇〇三年当時。現立命館大学生存学研究センター客員教授）にも本書の翻訳について大きな励ましをいただいた。記して感謝したい。

最後にこの本を、その出版を心待ちにしながらこの春、帰天した壮也の母、そして日本のろう社会のみなさんにささげたい。

二〇〇三年九月二五日

森　壮也・森　亜美

訳者あとがき——新版にあたって

原書が最初に出版されたのは、一九九〇年である。それから日本語版が出たのが二〇〇三年であり、当初の出版社である晶文社で絶版となってから数年経った後、英語の初版から一七年目、つまり日本語版から一三年目にして、ようやく、新たな出版の担い手である明石書店から本書が訳文も全面的に見直されて出ることになった。訳者二人にとって最初の翻訳書であった前の版ではこなれていなかった訳文を、山岡さん、伊得さんという二人の優秀な編集者の方々のご協力により、より良いものにすることができたと思う。また本書で扱われている内容についての理解もさらに進んだことで、より的確な訳文にすることができた。ご尽力頂いた方々に改めて御礼申し上げたい。

本書の著者であるキャロル・パッデン、トム・ハンフリーズ夫妻については、本書の後に出た拙訳の『「ろう文化」の内側から』（明石書店、二〇〇九年）の後書きでその後の情報についてフォローしているが、さらに近年の状況について紹介しておきたい。

パッデン教授は、現在、以前から勤務しているカリフォルニア大学サンディエゴ校社会科学カレッジのDean（学部長）として多忙な日々を送っている。同氏がろう者でありながら、管理業務を手話通訳などを駆使してつとめていることで、後に続く人たちにも大きな希望を与えている。ワシントンＤＣにあるろう者のためのリベラル・アーツ大学ギャローデット大学で一九八八年に起こった、「今こそ、ろう者の学長を！」（Deaf President Now, DPN）運動のあと、同大やＮＹ州ロチェスター市にあるロチェスター米ろう工科大学（NTID/RIT）のトップは、ろう者がつとめるようになったが、それはろう男性という状況が続いていた。ところが近年、パッデンのような管理職がギャローデット大学でも生まれ、さらにギャローデット大学では、二〇一六年デフ・ファミリー三代目のロベルタ・コルダーナ博士が、ろう女性として、そしてＬＧＢＴ当事者として初めて同大の学長に就任している。こうした状況は、従来抑圧されていた社会的属性のうちのひとつが解放されたらそこで終わりではなく、複数の社会的属性による差別、複合差別の問題の解決につながるという意味でも大きな前進であるといえる。手話の研究だけでなく、そうした社会的な動きの先駆けのなかにもキャロル・パッデンがいることを伝えておきたい。彼女への賛辞と社会的な支持は、近年のキャロルに与えられた四つの名誉でも裏づけられる。ひとつは、アメリカでは大変に名誉ある、優れた才能に対して贈られる二つのフェロー、一九九二年のグッゲンハイム・フェロー、二〇一〇年のマッカーサー・フェロー受賞であり、あとの二つは二〇一五年のハイファァ大学、そして二〇一六年のスワースモア大学からの名誉博士号である。彼女の業績に対するアメリカ社会の高い評価がうかがわれる。研究面では、最近のものとしては、以前から続けているベドウィン手話の研究のほか、手話言語学で重要な項目のひとつであるＣＬ（類辞）についての研究で、ハンドルＣＬとインスツルメントＣＬと呼ばれる同じものに対して二種類あるＣＬのタイプが各手話ごとに特徴的に分布していること、ネィティブ・サイナーとレイト・サイナーではその差があまりないことなどを明らかにするなど興味深い研究を今もなお発表し続けている。

一方のハンフリーズ教授も上記のギャローデット大学の理事を長年つとめているほか、『ろう文化」の内側から』で紹介したオーディズムに関わる論考をさらに深めており、ろう者に対する抑圧を意味する表層的な意味をパラフレーズするのではなく、ろう者と聴者の間の関係の中で、どのようにこのことばの意味が歴史的に変わってきたのかというディスコースの変遷の問題や、本書で発展した「文化」という言葉についてのろう者の見方の変遷についてといったような深い問題にも取り組んでいる。またろう児のバイリンガル教育プログラムを実際のろう教師が実践する際に行われている工夫を顕示的に示し、他の教師たちの参考にするという研究などにも取り組んでいる。この他、欧米の著名なろうの研究者と共同で、ろう児の言語発達のために、言語学者や医師がすべきことなどについての提言を関係論文誌に今も積極的に投稿している。

このようにパッデン教授とハンフリーズ教授夫妻の常に研究と実践の最前線で活躍している姿は、いろいろな意味で日本の私たちにとっても励みの材料となろう。『「ろう文化」案内』という本書での問題提起やアメリカにおける「ろう文化」への洞察は、一七年経った今でも決して古くさいものではなく、パディ・ラッド博士の『ろう文化の歴史と展望』（明石書店、二〇〇七年）が日本に紹介された後、アメリカのろう文化を欧州のそれと比較して考えるための材料にもなった。さらに『「ろう文化」の内側から』が、アメリカろう教育の暗黒面や人種差別の側面なども明らかにした今、白人主体のろう文化の見方とは何だったのかということを考える材料も提供してくれている。

聞くところによれば、我が国でも、ろう者たちの自主的な勉強会でこれらの日本語訳を用いて、読書会の形で自分たちの文化を振り返り、日本のろう文化とは何なのか、アジア的ろう文化とは何なのか、またそもそも汎世界的ろう文化とは何なのか、いろいろな議論が交わされているという。本新訳書がこうした議論をさらに発展させるとき、また聴者の皆さんがろう者の世界をのぞき見るときの道しるべのひとつとして役立てば幸いである。

二〇一六年　二月吉日

森　壮也・森　亜美

参考文献

Aissen, J. 1983. "Indirect Object Advancement in Tzotzil." In *Studies in Relational Grammar* I, ed. D. Perlmutter. Chicago: University of Chicago Press.

And Your Name Is Jonah. 1979. A Norman Felton-Stanley Production. Charles Fries Productions and Capital Cities Communication. Video.

Baker, C. 1980. *American Sign Language: A Teacher's Resource Text*. Silver Spring, Md.: TJ Publishers.

Baker, C., and R. Battison, eds. 1980. *Sign Language and the Deaf Community: Essays in Honor of William C. Stokoe*. Silver. Spring, Md.: National Association of the Deaf.

Becker, G. 1980. *Growing Old in Silence*. Berkeley: University of California Press.

Bellugi, U., and M. Studdert-Kennedy, eds. 1980. *Signed and Spoken Language: Biological Constraints on Linguistic Form*. Weinheim, German Democratic Republic: Verlag Chemie.

Benderly, B. L. 1980. *Dancing without Music: Deafness in America*. Garden City, N.Y.: Anchor Press/Doubleday.

Bloomfield, L. 1933. *Language*. New York: Holt, Rinehart, and Winston.〔L・ブルームフィールド『言語』三宅鴻・日野資純訳, 大修館書店、1962 年〕

Booth, E. 1858. "Mr. Flournoy's Project." *American Annals of the Deaf and Dumb* 10: 72–79.

Bragg, B., and E. Bergman. 1981. *Tales from a Clubroom*. Washington, D.C.: Gallaudet College Press.

Burnes, B. 1950. "The Editor's Page." *Silent Worker* 2: 2.

Charles Krauel: Profile of a Deaf Filmmaker. 1986. Produced by T. Supalla. Champaign: University of Illinois. Film.

Clark, H., and E. Clark. 1977. *Psychology and Language*. New York: Harcourt Brace

Jovanovich.〔H・H・クラーク、E・V・クラーク『言語と心理――聞くこと・話すことのメカニズム』堀口俊一監訳、桐原書店、1981 年〕
Collums, C. 1950. "Letter to the Open Forum." *Silent Worker* 2: 31.
Coulter, E. M. 1942. *James Jacobus Flournoy: Champion of the Common Man in the Antebellum South*. Savannah: Georgia Historical Society.
Crouch, B. A. 1986a. "Alienation and the Mid-Nineteenth-Century American Deaf Community: A Response." *American Annals of the Deaf* 131: 322–324.
――― 1986b. "A Deaf Commonwealth." In *Encyclopedia of Deaf People and Deafness*, ed. J. Van Cleve. New York: McGraw-Hill.
Eastman, G. 1980. "From Student to Professional: A Personal Chronicle of Sign Language." In *Sign Language and the Deaf Community*, ed. C. Baker and R. Battison. Silver Spring, Md.: National Association of the Deaf.
Erting, C. 1985a. "Cultural Conflict in a School for Deaf Children." *Anthropology and Education Quarterly* 16: 225–243.
――― 1985b. "Sociocultural Dimensions of Deaf Education: Belief Systems and Communicative Interaction." *Sign Language Studies* 47: 111–125.
Fant, L. 1980. "Drama and Poetry in Sign Language: A Personal Reminiscence." In *Sign Language and the Deaf Community*, ed. C. Baker and R. Battison. Silver Spring, Md.: National Association of the Deaf.
Fay, E. A. 1858. "The Plans for a Community of Deaf-mutes." *American Annals of the Deaf and Dumb* 10: 136–140.
――― 1884. "Discussion by the National Academy of Sciences Concerning the Formation of a Deaf Variety of the Human Race." *American Annals of the Deaf and Dumb* 29: 70–77.
Flournoy, J. J. 1856. "Mr. Flournoy to Mr. Turner." *American Annals of the Deaf and Dumb* 8: 120–125.
――― 1858. "Reply to Objections." *American Annals of the Deaf and Dumb* 10: 140–151.
Gannon, J. R. 1981. *Deaf Heritage: A Narrative History of Deaf America*. Silver Spring, Md.: National Association of the Deaf.
Geertz, C. 1973. *The Interpretation of Culture*. New York: Basic Books.〔C・ギアーツ『文化の解釈学』吉田禎吾他訳、岩波書店、1987 年〕
Goldin-Meadow, S. 1982. "The Resilience of Recursion: A Study of a Communication

System Developed without a Conventional Language Model." *Language Acquisition: The State of the Art*, ed. E. Wanner and L. Gleitman. Cambridge: Cambridge University Press.

Goldin-Meadow, S., and H. Feldman. 1977. "The Development of Language-like Communication without a Language Model." *Science* 197: 401–403.

Goldin-Meadow, S., and C. Mylander. 1984a. "The Effects and Non-effects of Parental Input on Early Language Development." *Monograph of the Society of Research in Child Development* 49: 1–121.

——— 1984b. "The Nature of Input and Its role in the Development of the Deaf Child's Gesture System." *Monograph of the Society for Research in Child Development* 49: 143–151.

Gustason, G., and J. Woodward. 1973. *Recent Developments in Manual English*. Washington, D.C.: Gallaudet College Press.

Jacobs, L. 1974. *A Deaf Adult Speaks Out*. Washington, D.C.: Gallaudet College Press.

Klima, E., and U. Bellugi, with R. Battison, P. Boyes-Braem, S. Fischer, N, Frishberg, H. Lane, E. Lentz, D. Newkirk, E. Newport, C. Pedersen, and P. Siple. 1979. *The Signs of Language*. Cambridge, Mass.: Harvard University Press.

Kyle, J., and B. Woll, eds. 1983. *Language in Sign: An International Perspective on Sign Language*. London: Croom Helm.

The LACD Story. 1985. Produced by J. Debee. Distributed by Beyond Sound, Los Angeles. Film.

Lane, H. 1976. *The Wild Boy of Aveyron*. Cambridge, Mass.: Harvard University Press. 〔ハーラン・レイン『アヴェロンの野生児研究』中野善達訳編、福村出版、1980 年〕

——— 1984. *When the Mind Hears: A History of the Deaf*. New York: Random House.

Lane, H., and F. Philip. 1984. *The Deaf Experience: Classics in Language and Education*. Cambridge, Mass.: Harvard University Press.〔ハーラン・レイン編『聾の経験――18 世紀における手話の「発見」』石村多門訳、東京電機大学出版局、2000 年〕

Lane, H., and F. Grosjean, eds. 1980. *Recent Perspectives on ASL*. Hillsdale, N.J.: Erlbaum.

Lentz, E. 1979. "Eye Music." Produced by the Indiana Committee for the Humanities, Fort Wayne Public Library. Video.

Long, J. 1918. *The Sign Language: A Manual of Signs*. Washington, D.C.: Gallaudet

College Press.
McGregor, R. P. 1913. *The Irishman and the Flea*. Silver Spring, Md.: National Association of the Deaf. Film.
Mallery, G. 1972. *Sign Language among North American Indians*. The Hague: Mouton. 〔ギャリック・マラリー『人間は手で話す』渡辺義彦訳、PMC 出版、1990 年〕
Marbury, N. 1986. "ASL and English: A Partnership." Paper presented at the American Sign Language Research and Teaching Conference, Fremont, Calif.
Markowicz, H., and J. Woodward. 1978. "Language and the Maintenance of Ethnic Boundaries in the Deaf Community." *Communication and Cognition* 2: 29–38.
Maxwell, M., and S. Smith-Todd. 1986. "Black Sign Language and School Integration in Texas." *Language in Society* 15: 81–94.
Miles, D. 1976. *Gestures*. Northridge, Calif.: Joyce Motion Picture Co.
Mindel, E., and M. Vernon. 1971. *They Grow in Silence: The Deaf Child and His Family*. Silver Spring, Md.: National Association of the Deaf.
My Third Eye. 1973. National Theatre of the Deaf. Waterford, Conn. Video.
Myklebust, E. 1957. *Psychology of Deafness*. New York: Grune and Stratton.
Mylander, C., and S. Goldin-Meadow. 1986. "Home Sign Systems in Deaf Children: The Development of Morphology without a Conventional Language Model." Paper presented at the Conference on Theoretical Issues in Sign Language Research, Rochester, N.Y.
Neisser, A. 1983. *The Other Side of Silence*. New York: Knopf.
Padden, C. 1986. "American Sign Language." In *Encyclopedia of Deaf People and Deafness*, ed. J. Van Cleve. New York: McGraw-Hill.
——— 1988a. "Grammatical Theory and Signed Languages." In *Linguistics: The Cambridge Survey*, ed. F. Newmeyer. Cambridge: Cambridge University Press.
——— 1988b. *The Interaction of Morphology and Syntax in American Sign Language*. Outstanding Dissertations in Linguistics, Series IV. New York: Garland Press.
Panara, R. 1945. "The Bison Spirit." Block "G" Club, Gallaudet College.
Perlmutter, D. 1986. "No Nearer to the Soul." *Natural Language and Linguistic Theory* 4: 515–523.
Roberts, A. 1948. "The Editor's Page." *The Frat* 45: 4.
Rodda, M. 1970. *The Hearing-Impaired School Leaver*. London: University of London Press.

Romero, E. 1950. "The Open Forum." *Silent Worker* 2: 31.
Rutherford, S. 1983. "Funny in Deaf—Not in Hearing." *Journal of American Folklore* 96: 310–322.
Ryle, G. 1949. *The Concept of the Mind*. New York: Barnes and Noble.
Sapir, E. 1921. *Language: An Introduction of the Study of Speech*. New York: Harcourt, Brace, and World. 〔エドワード・サピア『言語——ことばの研究序説』安藤貞雄訳、岩波書店、1998 年〕
Schildroth, A. 1980. "Public Residential Schools for Deaf Students in the United States, 1970–1978." *American Annals of the Deaf* 125: 80–91.
Siple, P. 1982. "Signed Language and Linguistic Theory." In *Exceptional Language and Linguistics*, eds. L. Obler and L. Menn. New York: Academic.
——— , ed. 1978. *Understanding Language through Sign Language Research*. New York: Academic.
Smolen, P. 1982. "Changing Signs." *Silent News* 14: 3.
Stokoe, W. C., Jr. 1960. "Sign Language Structure: An Outline of the Visual Communication System of the American Deaf." *Studies in Linguistics* 8.
Stokoe, W. C., Jr., D. Casterline, and C. Croneberg. 1965. *A Dictionary of American Sign Language on Linguistic Principles*. Washington, D.C.: Gallaudet College Press.
Supalla, S. 1986. "Manually Coded English: The Modality Question in Signed Language Development." Paper presented at the Conference on Theoretical Issues in Sign Language Research, Rochester, N.Y.
Supalla, T. 1978. "Morphology of Verbs of Motion and Location in American Sign Language." Paper presented at the Second National Symposium on Sign Language Research and Teaching, San Diego, Calif.
——— 1985. "The Classifier System in American Sign Language." In *Noun Classification and Categorization*, ed. C. Craig. Philadelphia: Benjamins.
Switzer, M. E., and B. R. Williams. 1967. "Life Problems of Deaf People: Prevention and Treatment." *Archives of Environmental Health* 15: 249–256.
Tyger, Tyger. 1967. Indianapolis: Captioned Films for the Deaf, Inc. Film.
U.S. National Center for Health Statistics. 1987. *Data from the National Health Survey*, ser. 10, no. 160, tables 62, 78. Washington, D.C.: Government Printing Office.
Valli, C. 1985. "Windy Bright Morning." Washington, D.C.: Gallaudet College. Video.

Veditz, G. 1913. *Preservation of the Sign Language*. Silver Spring, Md.: National Association of the Deaf. Film.

Wikstrom, L. 1987. "Report on Sweden and Sign Language Research." Presentation given at the Second International Workshop for Deaf Researchers, Leksand, Sweden.

Wilbur, R. 1979. *American Sign Language and Sign Systems*. Baltimore: University Park Press.

——— 1986. "The Interaction of Linguistic Theory and Research on Sign Language." In *The Real-World Linguist: Linguistic Applications in the 1980s*, ed. P. Bjarkman and V. Raskin. Norwood, N.J.: Ablex.

——— 1987. *American Sign Language: Linguistic and Applied Dimensions*. San Diego, Calif.: College Hill Press.

Winzer, M. A. 1986. "Deaf-Mutia: Responses to Alienation by the Deaf in the Mid-Nineteenth Century." *American Annals of the Deaf* 131: 29–32.

Woodward, J. 1972. "Implications for Sociolinguistics Research Among the Deaf." *Sign Language Studies* 1: 1–7.

——— 1976. "Black Southern Signing." *Language in Society* 5: 303–311.

——— 1982. *How You Gonna Get to Heaven If You Can't Talk to Jesus? On Depathologizing Deafness*. Silver Spring, Md.: TJ Publishers.

本書は、二〇〇三年一一月に晶文社より
刊行されたものを改訳したものである。

【訳者紹介】

森　壮也（もり・そうや）

1962年、東京都生まれ。

早稲田大学政治経済学部経済学科、同大学院経済学研究科終了を経て、日本貿易振興機構アジア経済研究所開発研究センター主任調査研究員。横浜国立大学、横浜市立大学、日本福祉大学、日本社会事業大学などで非常勤講師。日本手話学会元会長、『手話学研究』編集委員会委員長、*Sign Language Studies* 前Editor。障害学会元理事。

主な著書・訳書に、『アフリカの「障害と開発」――SDGsに向けて』（編著、アジア経済研究所、2016年）、『障害と開発の実証分析――社会モデルの観点から』（共著、勁草書房、2013年）、『途上国障害者の貧困削減――かれらはどう生計を営んでいるのか』（編著、岩波書店、2010年）、『「ろう文化」の内側から――アメリカろう者の社会史』（共訳、明石書店、2009年）、『ろう文化の歴史と展望――ろうコミュニティの脱植民地化』（監訳、明石書店、2007年）、『ろう文化』（共著、青土社、2000年）、『障害学への招待――社会、文化、ディスアビリティ』（共著、明石書店、1999）などがある。

森　亜美（もり・あみ）

1962年、東京都生まれ。

早稲田大学第一文学部史学科西洋史学専修卒業。東京銀行（現三菱東京UFJ銀行）本店調査部勤務などを経て、デフ・マザーズ・クラブを設立（2003年解散）。東京都聴力障害者情報文化センター英語教室講師、日本社会事業大学、筑波技術大学で非常勤講師。

主な訳書に『「ろう文化」の内側から――アメリカろう者の社会史』（共訳、明石書店、2009年）がある。

【著者紹介】

キャロル・パッデン（Carol Padden）
1955年、ろう家族のもとにろうとして生まれる。ジョージタウン大学卒業。カリフォルニア大学サン・ディエゴ校で手話言語学の分野で博士号を取得。現在、同校教授。

トム・ハンフリーズ（Tom Humphries）
1946年生まれ。ギャローデット大学卒業。ユニオン大学院で比較文化と言語習得の分野で博士号を取得。現在、カリフォルニア大学サン・ディエゴ校のコミュニケーション学部で専任講師を務める。

新版「ろう文化」案内

2016年4月25日　初版第1刷発行

著　者　キャロル・パッデン
　　　　トム・ハンフリーズ
訳　者　森　壮也
　　　　森　亜美
発行者　石井昭男
発行所　株式会社 明石書店
〒101-0021　東京都千代田区外神田6-9-5
電話　03（5818）1171
FAX　03（5818）1174
振替　00100-7-24505
http://www.akashi.co.jp
組版・装丁　明石書店デザイン室
印刷・製本　モリモト印刷株式会社

（定価はカバーに表示してあります）　ISBN978-4-7503-4336-5

「ろう文化」の内側から　アメリカろう者の社会史
キャロル・パッデン、トム・ハンフリーズ著　森 壮也、森 亜美訳　◉3000円

ろう文化の歴史と展望　ろうコミュニティの脱植民地化
パディ・ラッド著　森壮也監訳
長尾絵衣子、古谷和仁、増田恵里子、柳沢圭子訳　◉9800円

障害学への招待　社会、文化、ディスアビリティ
石川 准、長瀬 修編著　◉2800円

オックスフォード・ハンドブック **デフ・スタディーズ**　ろう者の研究・言語・教育
マーク・マーシャーク、パトリシア・エリザベス・スペンサー編
四日市 章、鄭 仁豪、澤 隆史監訳　◉15000円

アメリカのろう者の歴史　写真でみる〈ろうコミュニティ〉の200年
ダグラス・C・ベイントン、ジャック・R・ギャノン、ジーン・リンドキスト・バーギー著
松藤みどり監訳　西川美樹訳　◉9200円

盲人福祉の歴史　近代日本の先覚者たちの思想と源流
森田昭二　◉5500円

盲人の歴史
谷合 侑　◉3300円

盲人福祉事業の歴史
谷合 侑　◉2900円

盲ろう者として生きて　指点字によるコミュニケーションの復活と再生
福島 智　◉2800円

視覚障碍をもって生きる　できることはやる、できないことはたすけあう
栗川 治　◉2850円

情報福祉論の新展開　視覚障害者用アシスティブ・テクノロジーの理論と応用
韓 星民　◉4500円

年譜で読むヘレン・ケラー　ひとりのアメリカ女性の生涯
山崎邦夫編著　◉2500円

イギリスの視覚障害児特別支援教育　シェーピング・ザ・フューチャープロジェクト報告書
英国盲人協会著　鳥山由子監修　青松利明、山田慶子監訳　◉2000円

盲・視覚障害百科事典
ジル・サルデーニャ、スーザン・シェリー、アラン・リチャード・ルッツェン、スコット・M・スティドル編著　中田英雄監訳　◉9000円

障害者権利擁護運動事典
フレッド・ペルカ著　中村満紀男、二文字理明、岡田英己子監訳　◉9200円

楽譜点訳の基本と応用
川村智子　◉6800円

〈価格は本体価格です〉